50 बिजनेस कोहिनूर

50
बिजनेस कोहिनूर

महेश दत्त शर्मा

प्रभात
पेपरबैक्स
www.prabhatbooks.com

प्रकाशक

प्रभात पेपरबैक्स

4/19 आसफ अली रोड, नई दिल्ली–110002

फोन : 23289777 • हेल्पलाइन नं. : 7827007777

इ–मेल : prabhatbooks@gmail.com ❖ वेब ठिकाना : www.prabhatbooks.com

संस्करण

प्रथम, 2019

मूल्य

एक सौ पचास रुपए

अ.मा.पु.स. 978-93-5322-228-4

मुद्रक

आर–टेक ऑफसेट प्रिंटर्स, दिल्ली

---

50 BUSINESS KOHINOOR
by Shri Mahesh Dutt Sharma

Published by **PRABHAT PAPERBACKS**
4/19 Asaf Ali Road, New Delhi-110002

ISBN 978-93-5322-228-4

₹ 150.00

अपनी बात

इस पुस्तक में बिजनेस की 50 महान् हस्तियों के कारोबारी जीवन-संघर्ष की सच्ची कहानियाँ दी गई हैं, जिन्होंने अपनी मेहनत, लगन, हौसले, इच्छा, उमंग, संघर्ष, सोच और जागरूकता के बल पर स्वयं को तली से शिखर पर पहुँचाया। पुस्तक में उनका केवल यशोगान नहीं किया गया है, बल्कि बताया गया है कि वे हर चुनौतियों, मुश्किलों और परिस्थितियों का सामना करते हुए, बिना रुके आगे बढ़ते रहे।

ये जीवन-संघर्ष कठोर होते हुए भी रोचक, रोमांचक और प्रेरक हैं, जिन्हें पढ़कर निश्चित ही हर किसी के अंदर आत्मविश्वास जाग्रत् हो सकता है। यहाँ गागर में सागर को चरितार्थ करते हुए, उनके संक्षिप्त जीवन-परिचय में अधिक-से-अधिक जानकारी देने की कोशिश की गई है।

जीवन-परिचय के साथ-साथ उनके चित्र भी शामिल किए गए हैं। चित्र के अभाव में जानकारी आधी-अधूरी सी लगती है। चित्र देखकर मन में प्रेरणा की मूर्ति भी आसानी से दिखाई देती है। प्रेरक व्यक्तित्व का चित्र मन में स्मरण करने से नया जोश, नई उमंग और नूतन उत्साह उत्पन्न होता है।

यह पुस्तक हर उम्र के स्त्री-पुरुष, गृहिणी, छात्र, कामकाजी सभी के लिए प्रेरणास्रोत का काम करेगी; ऐसा हमारा विश्वास है।

अनुक्रम

अजीम प्रेमजी

विप्रो टेक्नोलॉजिज के चेयरमैन

कामयाबी का मंत्र

"बिना लक्ष्य के कामयाबी नहीं मिलती।"

कम समय में अपने लक्ष्य को पूरा किया।

जन्म : कराची (संयुक्त भारत); 24 जुलाई, 1945
शुरुआत : पिता के बिजनेस को सँभाला
फ्यूचर प्लान : एक बड़ी कंपनी बनाना
पुरस्कार : अनेक पुरस्कार व सम्मान
नेट वर्थ : यू.एस. डॉलर 16.9 बिलियन (2018)

अजीम प्रेमजी विप्रो टेक्नोलॉजिज के चेयरमैन हैं। फोर्ब्स मैगजीन के अनुसार उनकी संपत्ति नौ बिलियन डॉलर से अधिक है। वे दुनिया के सबसे अमीर व्यक्तियों में शामिल हैं।

अजीम प्रेमजी का जन्म 24 जुलाई, 1945 को कराची में हुआ। प्रारंभिक

शिक्षा के बाद वे उच्च शिक्षा के लिए विदेश चले गए। उन्होंने यू.एस.ए. के स्टेनफोर्ड विश्वविद्यालय से इलेक्ट्रिकल इंजीनियरिंग में दाखिला लिया। तभी उनके पिता की अचानक मृत्यु हो गई। पिता की मृत्यु के पश्चात् उन्होंने कॉलेज की पढ़ाई छोड़ दी और भारत लौट आए।

भारत आने के बाद उन्हें पिता का बिजनेस सँभालना पड़ा। सन् 1966 में जब अजीम प्रेमजी ने अपने पिता का बिजनेस सँभाला, उस वक्त उनकी उम्र मात्र 21 वर्ष थी। उनके पास कोई कारोबारी अनुभव भी नहीं था।

अजीम प्रेमजी कहते हैं, "मैं इसके लिए बिल्कुल तैयार नहीं था। मेरे पास सिर्फ एक सपना था। एक बड़ी कंपनी बनाने का सपना।"

पिता की मृत्यु के बाद उन्हें 7 करोड़ रुपए की कंपनी विरासत में मिली। जिसमें वनस्पति तेल और कपड़ा धोने का साबुन बनाया जाता था। उन्हें कंपनी चलाने का कोई अनुभव नहीं था, इसके बावजूद उन्होंने बड़ी खूबी से कंपनी को चलाया। उन्होंने एक लक्ष्य रखकर काम की शुरुआत की, उस काम को बनाए गए तय समय से कम समय में पूरा कर सफलता हासिल की।

अजीम प्रेमजी मूल्यों पर आधारित एक संगठन की स्थापना करना चाहते थे, जिसके फलस्वरूप 'विप्रो' का जन्म हुआ। उन्होंने एक लक्ष्य बनाया, जिसके अनुसार वे विप्रो को पाँच वर्ष में देश की शीर्षस्थ दस कंपनियों में शामिल करना चाहते थे। यह उनकी कड़ी मेहनत, लगन व बुद्धि का परिणाम है कि उन्होंने इस लक्ष्य को एक वर्ष के अंदर ही पा लिया।

उनका मानना है—किसी भी काम को पूरा करने के लिए लक्ष्य जरूरी है। लक्ष्य लेकर चलने पर उस काम को होने से कोई रोक नहीं सकता। आज विप्रो कंपनी की सालाना आय यू.एस. डॉलर 1.23 बिलियन (2018) है। वह सॉफ्टवेयर निर्यात करनेवाली देश की शीर्ष कंपनियों में शामिल है। आज विप्रो कारोबार की दुनिया में ऐसी एथलीट है, जिसमें लंबी रेस तय करने के लिए धैर्य के साथ फर्राटा भरने के लिए असीम ऊर्जा की भी जरूरत होती है।

अजीम प्रेमजी ने बिजनेस के अलावा सामाजिक उत्तरदायित्वों को भी पूरा किया। उन्होंने सन् 2001 में 'अजीम प्रेमजी फाउंडेशन' की स्थापना की। इस

संस्था के माध्यम से बच्चों की प्राथमिक शिक्षा पर विशेष ध्यान दिया जाता है। उन्होंने विप्रो एप्लाइंग थॉट इन स्कूल व विप्रो केयर्स जैसे विभिन्न कार्यक्रमों को किया है। सन् 2010 में बंगलुरु में अजीम प्रेमजी विश्वविद्यालय की स्थापना की गई, जहाँ से निकले होशियार युवा देश की तरक्की में हाथ बँटाते हैं।

अजीम प्रेमजी को कई सम्मान व पुरस्कार मिले हैं। सन् 2005 में फराडे मेडल पानेवाले वे पहले भारतीय व्यक्ति हैं। रुड़की के आई.आई.टी. व मनीपाल एकेडमी ने उन्हें मानद उपाधियाँ प्रदान की हैं। एक्स.एल.आर.आई. से औद्योगिक व सामाजिक शांति के लिए सर जहाँगीर गांधी मेडल प्रदान किया। सन् 2005 में भारत सरकार ने उन्हें 'पद्म भूषण' की उपाधि से अलंकृत किया। अप्रैल 2017 में 'इंडिया टुडे' पत्रिका ने उन्हें वर्ष 2017 के भारत के 50 सबसे शक्तिशाली लोगों में 9वाँ स्थान दिया।

□

आदी गोदरेज

गोदरेज ग्रुप ऑफ कंपनीज के सह-संस्थापक व प्रबंध निदेशक

कामयाबी का मंत्र–

"ग्राहकों का विश्वास जीतना सबसे जरूरी।"

हमने अपनी चीजों की गुणवत्ता को हमेशा बनाए रखा।

जन्म : मुंबई; 3 अप्रैल, 1942
शुरुआत : फैमिली बिजनेस से
फ्यूचर प्लान : पूरे विश्व में कंपनी को फैलाना
पुरस्कार : अनेक पुरस्कार व सम्मान
नेट वर्थ : यू.एस. डॉलर 2.9 बिलियन (2018)

आदी गोदरेज 'गोदरेज ग्रुप ऑफ कंपनीज' के सह-संस्थापक तथा प्रबंध निदेशक हैं। उनका जन्म 3 अप्रैल, 1942 को मुंबई के एक संपन्न व्यवसायी परिवार में हुआ। उनके पिता का नाम बुरजोरजी गोदरेज व माता का नाम जय गोदरेज था। उन्होंने प्रारंभिक शिक्षा देश में ही पूरी की। इसके पश्चात् 17 वर्ष

की उम्र में आगे की पढ़ाई के लिए विदेश चले गए। शुरू में उन्होंने मैसाचुसेट्स इंस्टीट्यूट ऑफ टेक्नोलॉजी से मैकेनिकल इंजीनियर बनने की तैयारी की थी। बाद में उनका रुझान इंजीनियरिंग की पढ़ाई से हट गया, उनकी रुचि मैनेजमेंट की पढ़ाई की ओर बढ़ने लगी और उन्होंने एम.बी.ए. की पढ़ाई पूरी की।

अपनी पढ़ाई पूरी करने के बाद वे भारत लौट आए। यहाँ आकर उन्होंने अपने कॅरियर की शुरुआत अपने पारिवारिक बिजनेस से की। आदी गोदरेज ने जब गोदरेज कंपनी जॉइन की, उस वक्त यह कंपनी केवल गोदरेज ताले और गोदरेज साबुन का निर्माण करती थी। उन्होंने बिजनेस में मॉडर्न एप्रोच और सिस्टेमैटिक मैनेजमेंट पर ध्यान दिया। उन्होंने कंपनी को इस स्थिति में पहुँचा दिया, जहाँ गोदरेज गुणवत्ता का दूसरा पर्याय बन गया। ग्राहक उनके नाम पर आँख मूँदकर विश्वास करने लगे।

आदी गोदरेज ने जब बिजनेस की बागडोर सँभाली, सबसे पहले प्रबंधकीय ढाँचे को अधिक मजबूत बनाया। कंपनी का विस्तार किया और उसे आधुनिक रूप दिया। कंपनी में निर्माण किए जानेवाले प्रोडक्ट की गुणवत्ता में आवश्यक सुधार किया। उनके नेतृत्व में गोदरेज कंपनी मंदी के दौर में भी दिन दूनी, रात चौगुनी उन्नति करती रही। वर्ष 2010 में गोदरेज ग्रुप ने अपने प्रत्येक बिजनेस में रिकंस्ट्रक्शन प्रक्रिया के बीस साल पूरे किए।

आदी गोदरेज की दूरदृष्टि, कुशल नेतृत्व और कड़ी मेहनत की बदौलत गोदरेज ग्रुप ऑफ कंपनीज कई सामानों का उत्पादन करती है। वर्तमान समय में गोदरेज ग्रुप घरेलू उत्पाद, फर्नीचर, इलेक्ट्रॉनिक आइटम, रियल एस्टेट, एफ.एम. सी.जी., इंडस्ट्रियल इंजीनियरिंग, एप्लाइंसेस, सिक्योरिटी और एग्रो केयर जैसे क्षेत्रों में उनकी कंपनियाँ तेजी से काम कर रही हैं।

आदी गोदरेज ने अपनी कंपनी का विस्तार कर इसे विदेशों तक फैलाया। इनके विभिन्न कार्यालय और उत्पादन इकाइयाँ, दुनिया के पचास से भी अधिक देशों में स्थित हैं। आज उनके ग्रुप का टर्न ओवर लगभग 2.5 बिलियन डॉलर पहुँच गया है। उन्होंने कंपनी के कर्मचारियों की सुविधाओं का विशेष ध्यान रखा। कर्मचारियों के लिए आवास व विद्यालय की व्यवस्था की है। हैदराबाद में

मैनेजमेंट इंस्टीट्यूट की स्थापना की।

आदी गोदरेज ने केवल बिजनेस पर ही नहीं, पर्यावरण की तरफ भी ध्यान दिया। उनका ग्रुप भारत में वाइल्ड लाइफ फंड के बड़े समर्थकों में से एक है। उन्होंने बढ़ते प्रदूषण को रोकने के लिए मुंबई के पास विखरोली में 150 एकड़ जमीन पर एक ग्रीन पार्क बिजनेस कैंपस शुरू किया है। सन् 2011 से वे 'इंडियन स्कूल ऑफ बिजनेस' के अध्यक्ष हैं। सन् 2012-13 में उन्हें 'कॉन्फेडरेशन ऑफ इंडिया इंडस्ट्री' (सी.आई.आई.) का अध्यक्ष भी चुना गया।

आदी गोदरेज को अनेक राष्ट्रीय और अंतरराष्ट्रीय सम्मान प्राप्त हो चुके हैं।

राजीव गांधी पुरस्कार 2002; द अमेरिकन इंडिया फाउंडेशन लीडरशिप इन फिलांथ्रोप्य अवार्ड 2010; एशिया पैसिफिक इंटरप्रेन्योरशिप सम्मान 2010 में, 'इंटरप्रेन्योर ऑफ द ईयर' पुरस्कार से सम्मानित; जी.क्यू. मेन ऑफ द ईयर अवाड्र्स 2010 में 'बेस्ट बिजनेसमैन ऑफ द ईयर' पुरस्कार से सम्मानित; चेमेक्सिल के 'लाइफटाइम अचीवमेंट पुरस्कार' 2010 से सम्मानित; ए.आई. एम.ए.-जे.आर.डी. टाटा कॉर्पोरेट लीडरशिप सम्मान 2010; बॉम्बे मैनेजमेंट एसोसिएशन : मैनेजमेंट ऑफ द ईयर पुरस्कार 2010-2011; किम्प्रो प्लैटिनम स्टैंडर्ड अवार्ड फॉर बिजनेस 2011; अर्न्स्ट एंड यंग इंटरप्रेन्योर ऑफ द ईयर 2012; भारत सरकार द्वारा पद्म भूषण से सम्मानित, 2012; द एशियन अवाड्र्स इंटरप्रेन्योर ऑफ द ईयर 2013; आल इंडियन मैनेजमेंट एसोसिएशन : बिजनेस लीडर ऑफ द ईयर 2015।

□

आदित्य विक्रम बिड़ला

बिड़ला ग्रुप के पूर्व अध्यक्ष

कामयाबी का मंत्र–

"कड़ी मेहनत और टीम वर्क आपको एक बड़ी सफलता की ओर ले जाता है।"

दूसरों से आगे बढ़ने के लिए करते थे कड़ी मेहनत।

जन्म : कोलकाता, 14 नवंबर, 1944
निधन : 1 अक्तूबर, 1995 (यू.एस.ए.)
शुरुआत : बिड़ला उद्योग से
फ्यूचर प्लान : कंपनी को बड़े स्तर पर देखना
पुरस्कार : अनेक पुरस्कार व सम्मान

आदित्य विक्रम बिड़ला 'बिड़ला ग्रुप' के अध्यक्ष थे। इसके अलावा वे सेंट्रल बैंक ऑफ इंडिया तथा एयर इंडिया के डायरेक्टर के पद पर भी रहे।

आदित्य विक्रम बिड़ला का जन्म 14 नवंबर, 1944 को कोलकाता में

संपन्न बिड़ला परिवार में हुआ। वे जी.डी. बिड़ला के पौत्र थे। प्रारंभिक शिक्षा के बाद कोलकाता के सेंट जेवियर कॉलेज से उन्होंने विज्ञान में स्नातक की डिग्री हासिल की। आगे की पढ़ाई के लिए वे विदेश चले गए।

आदित्य विक्रम बिड़ला ने बोस्टन के मैसाचुसेट्स इंस्टीट्यूट ऑफ टेक्नोलॉजी से केमिकल इंजीनियरिंग की पढ़ाई की। पढ़ाई पूरी होने पर वे भारत लौट आए। आदित्य विक्रम बिड़ला ने अपने कॅरियर की शुरुआत उद्योग से की। इसके बाद सफलता उनके कदम चूमती चली गई।

आदित्य विक्रम बिड़ला ने कोलकाता में ईस्टर्न स्पिनिंग मिल की स्थापना की। जिसमें रेयॉन तथा वस्त्र उद्योग फलने-फूलने लगा। ईस्टर्न मिल की सफलता के बाद उन्होंने हिंदुस्तान गैस का विस्तार किया। उस समय इंडो गल्फ फर्टिलाइजर व कैमिकल लिमिटेड की स्थिति काफी खराब थी। आदित्य विक्रम बिड़ला ने उसका कार्यभार अपने हाथों में ले लिया। उनकी सूझ-बूझ और कुशल नेतृत्व से इंडो गल्फ फर्टिलाइजर व कैमिकल लिमिटेड को बंद होने से बचा लिया और उसे शीघ्र एक ब्लूचिप कंपनी में बदल दिया।

सन् 1983 में जी.डी. बिड़ला की मृत्यु के पश्चात् बिड़ला ग्रुप की सारी जिम्मेदारी आदित्य विक्रम बिड़ला पर आ गई। उन्होंने बिड़ला ग्रुप को ऊँचाई तक पहुँचाने में कोई कसर नहीं छोड़ी। अपने बिजनेस को थाईलैंड, इंडोनेशिया, फिलीपींस व मलेशिया तक फैलाया।

आदित्य बिड़ला ग्रुप ने वस्त्र, कैमिकल, इंजीनियरिंग का सामान, फर्टिलाइजर व पाम ऑयल आदि का उत्पादन किया। हिंडैल्को व ग्रासिम को अभूतपूर्व सफलता दिलाई। वे भारत को विश्व के विशालतम कंपनियों वाले देश की सूची में देखना चाहते थे। इसके लिए वे दिन-रात कड़ी मेहनत करते रहे और दूसरों को भी आगे बढ़ने के लिए प्रेरित करते थे। उनके नेतृत्व में बिड़ला समूह की कंपनियाँ—कपड़ा, सीमेंट, एल्युमीनियम, रसायन, उर्वरक, फाइबर, वित्तीय सेवाओं, स्पंज आयरन, सॉफ्टवेयर और पेट्रो रिफाइनरी जैसे महत्त्वपूर्ण क्षेत्रों में अपार लाभ कमा रही थीं। आदित्य को देश के कमोडिटी व्यापार को बढ़ाने और सुधारने का भी श्रेय जाता है। ग्रासिम, हिंडैल्को, भारतीय रेयान और

इंडो गल्फ फर्टिलाइजर्स को शानदार सफलता दिलाकर उन्होंने कई कंपनियों की समृद्धि में मदद की।

हालाँकि उनके समूह की कंपनियों में लगभग 70,000 कर्मचारी थे, परंतु वास्तव में 2 लाख से ज्यादा लोगों को अप्रत्यक्ष रूप से रोजगार मिल रहा था। भारत में सबसे बड़े औद्योगिक साम्राज्य को नई ऊँचाइयों तक पहुँचाने के अलावा आदित्य बिड़ला ने भारतीय रिजर्व बैंक, एयर इंडिया और भारत फंड के निदेशक के रूप में कार्य किया। वे एल.के. झा के नेतृत्व में जापान के लिए आर्थिक और व्यापार मिशन के एक सदस्य भी रहे। वे इंडस्ट्रियल क्रेडिट एंड इंडस्ट्रियल कॉर्पोरेशन, इन्फ्रास्ट्रक्चर लीजिंग एंड फाइनेंशियल सर्विसेज लिमिटेड और बजाज ऑटो जैसी कंपनियों के बोर्ड में निर्देशक भी रहे।

आदित्य विक्रम बिड़ला को उनके असीम योगदान के लिए सन् 1990 में बिजनेसमैन ऑफ द ईयर घोषित किया गया था। उनकी स्मृति में चित्रकारों तथा मूर्तिकारों को 'आदित्य विक्रम बिड़ला कला शिखर पुरस्कार' दिया जाता है। भारत के प्रथम वैश्विक कॉर्पोरेशन उन्हीं की देन है।

आदित्य विक्रम बिड़ला को अनेक राष्ट्रीय और अंतरराष्ट्रीय सम्मान प्राप्त हुए। 1978 में बंबई महानगर जेसीज द्वारा उत्कृष्ट युवा व्यक्ति अवार्ड; 1984 में उत्तर बंबई जेसीज द्वारा उत्कृष्ट नागरिक पुरस्कार; 1985 में अमरावती चैंबर ऑफ कॉमर्स द्वारा 'मैन ऑफ द ईयर' पुरस्कार; 1986 में व्यापार और उद्योग के क्षेत्र में जाएंट इंटरनेशनल अवार्ड; 1990 में मद्रास मैनेजमेंट एसोसिएशन द्वारा बिजनेस लीडरशिप अवार्ड; 1990 में बिजनेस इंडिया द्वारा 'बिजनेसमैन ऑफ द ईयर' पुरस्कार; 1992 में बंबई मैनेजमेंट एसोसिएशन द्वारा 'मैनेजमेंट मैन ऑफ द ईयर' पुरस्कार; 1992 में एफ.आई.ई. फाउंडेशन द्वारा राष्ट्र भूषण पुरस्कार; 1994 में कलकत्ता के रोटरी क्लब द्वारा उद्योग जगत् में योगदान के लिए प्लेटिनम जुबली रोटरी पुरस्कार; 1995 में रोटरी इंटरनेशनल द्वारा वोकेशनल उत्कृष्टता पुरस्कार; 1996 में आल इंडिया एसोसिएशन ऑफ इंडस्ट्रीज द्वारा लाइफटाइम अचीवमेंट पुरस्कार; 1996 में ऑल इंडिया मैनेजमेंट एसोसिएशन द्वारा भारतीय सीमेंट उद्योग के विकास में उल्लेखनीय योगदान के लिए पुरस्कार;

लायंस क्लब इंटरनेशनल फाउंडेशन द्वारा 'डेडिकेटेड ह्यूमन सर्विसेज' के लिए मेल्विन जोंस फैलो अवार्ड; रोटरी इंटरनेशनल के रोटरी फाउंडेशन द्वारा पॉल हैरिस फैलो अवार्ड।

आदित्य बिड़ला को 1993 में प्रोस्टेट कैंसर का पता चला, जिसके बाद उन्होंने बिड़ला ग्रुप की जिम्मेदारियों को अपनी पत्नी और बेटे को हस्तांतरित कर दिया। इलाज के लिए उन्हें बाल्टीमोर में जॉन हॉपकिंस अस्पताल, मैरीलैंड, अमेरिका, में भरती कराया गया। मगर चार महीने के संघर्ष के बाद 51 साल की उम्र में, 1 अक्तूबर, 1995 को वहीं उनका निधन हो गया।

□

अनिल अंबानी

अनिल धीरूभाई अंबानी ग्रुप के चेयरमैन

कामयाबी का मंत्र–

"मेहनत, लगन और जुनून"

वर्कोहोलिक बनें, अपने सपने पूरे करें।

जन्म : मुंबई; 4 जून, 1959
शुरुआत : पिता के बिजनेस को सँभाला
फ्यूचर प्लान : विदेशों में पैर जमाना
पुरस्कार : अनेक पुरस्कार व सम्मान
नेट वर्थ : यू.एस. डॉलर 2.2 बिलियन (2018)

अनिल अंबानी का जन्म 4 जून, 1959 को मुंबई में हुआ। मुंबई विश्वविद्यालय से साइंस की डिग्री लेने के बाद पेंसिल्वेनिया विश्वविद्यालय के वार्टन स्कूल से बिजनेस एडमिनिस्ट्रेशन में मास्टर्स डिग्री हासिल की। रिलायंस समूह के विभाजन के पहले अनिल रिलायंस इंडस्ट्रीज लिमिटेड में उपाध्यक्ष तथा

प्रबंध निदेशक के पद पर थे।

अनिल अंबानी सन् 1983 में को-चीफ एक्जीक्यूटिव के तौर पर रिलायंस में शामिल हुए। उसके बाद उन्होंने कभी पीछे मुड़कर नहीं देखा। उनकी प्रबंधन क्षमता कमाल की है। उनके प्रयास से ही रिलायंस ने अंतरराष्ट्रीय मार्केट में अपनी अलग पहचान व धाक जमाई।

इस कंपनी की चार फर्म—'रिलायंस कम्युनिकेशन,' 'रिलायंस नेचुरल रिसोर्स लिमिटेड,' 'रिलायंस एनर्जी' व 'रिलायंस कैपीटल' के नाम से हैं। यह कंपनी मोबाइल, इंटरनेट, फिल्म, सिनेमाघर, बिजली व अन्य कारोबार करती है। पूरे समूह के कैपीटल की कुल निवेशक पूँजी 1,42,384 करोड़ रुपए है। रिलायंस से अलग होने के बाद उन्होंने ए.डी.ए.जी. के नाम से अपनी नई फर्म शुरू की। अपनी मेहनत, लगन और जुनून की बदौलत इन्होंने कुछ ही सालों में मार्केट में अपनी कंपनी की धाक जमा ली। कंपनी ए.डी.ए.जी. की कमान थामने के बाद उन्हें अपने स्वास्थ्य को लेकर चौकन्ना रहना पड़ रहा है। अपनी हैल्थ को मैंटेन रखने के लिए अच्छा-खासा समय देते हैं।

अनिल अंबानी पारंपरिक कारोबार से हटकर कुछ नया करना चाहते थे। इसके लिए उन्होंने एडलैब्स के माध्यम से मशहूर फिल्म डायरेक्टर स्टीवन स्लीपबर्ग के साथ करोड़ों का बिजनेस शुरू किया। फिल्म निर्माण, एफ.एम. चैनल, मोबाइल, डिश टी.वी. जैसे नए कारोबार करना उन्हें पसंद है। उन्होंने बिग-एम नाम से पुणे में एक बड़े एनिमेशन स्टूडियो की स्थापना की, जहाँ 2डी तथा 3डी ग्राफिक्स सिखाया जाता है।

जब से अनिल ने ए.डी.ए.जी. की स्थापना की है, उस दिन से उन्होंने रविवार के दिन की भी छुट्टी नहीं ली है। टीना अंबानी के अनुसार, अनिल वर्कोहोलिक हैं। वे काम करने में कभी थकान महसूस नहीं करते। अनिल अंबानी के पास उपलब्धियों की कमी नहीं है।

अनिल अंबानी ने मनोरंजन के क्षेत्र में अपनी शुरुआत वर्ष 2005 में की। वे भारत का सबसे बड़ा मीडिया साम्राज्य खड़ा करने की दिशा में बढ़ रहे हैं। अनिल ने 'टी.वी. टुडे' और 'ब्लुमबर्ग टी.वी.' के शेयर खरीदने के साथ 'बी.

बी.सी.' जैसे अंतरराष्ट्रीय समाचार चैनलों के साथ करार किया है। आर.आई. एल. ने बार-बार सार्वजनिक रूप से कहा है कि अनिल अंबानी का उद्देश्य—शिक्षा, स्वास्थ्य-सेवा, सुरक्षा, वित्तीय-सेवा, मनोरंजन और सरकारी-नागरिक इंटरफेस जैसे प्रमुख क्षेत्रों में अपनी मौजूदगी दर्ज कराना है। उनका इरादा है कि उपभोक्ता आसानी से डिजिटली उपलब्ध नए कंटेंट तक पहुँचे, जिससे देश में एक नए डिजिटल युग की शुरुआत हो सके। यूनिवर्सल म्यूजिक के साथ किए गए एक करार के अनुसार अनिल की कंपनी से जुड़े उपभोक्ता लाखों गानों में से अपनी पसंद चुन सकते हैं। उन्होंने कुछ प्रमुख फिल्म प्रोडक्शन हाउस, जिनके मालिक स्टीवन स्पीलबर्ग, ब्रेड पिट, निकोलस केज, जिम कैरी और टॉम हैक्स जैसे फिल्मी सितारे हैं, के साथ एग्रीमेंट किए हैं।

अनिल अंबानी धूम्रपान नहीं करते। अनिल अंबानी शराब नहीं पीते। वे अपनी सेहत को हमेशा फिट रखने के लिए सुबह दौड़ लगाते हैं। वे शुद्ध शाकाहारी व्यक्ति हैं। वे धार्मिक व्यक्ति और शिवजी के बड़े भक्त हैं। जिसके चलते वे कैलाश मानसरोवर की यात्रा दो बार कर चुके हैं।

रिलायंस के बँटवारे के बाद उनके हिस्से में जो आया, उसे वे बड़े सोच-समझकर आगे बढ़ाने की कोशिश में लगे रहे। उन्होंने जिस भी कारोबार में हाथ लगाया, उनके हिस्से में लाभ ही आया। आज उनकी हर कंपनी मुनाफे में है।

अनिल अंबानी को अनेक राष्ट्रीय और अंतरराष्ट्रीय सम्मान प्राप्त हुए। भारत की मुख्य बिजनेस पत्रिका 'बिजनेस इंडिया' द्वारा 'बिजनेसमैन ऑफ द ईयर 1997' का सम्मान। टाइम्स ऑफ इंडिया के वर्ष 2006 के लिए बिजनेसमैन ऑफ द ईयर चुने गए। इंडिया टुडे पत्रिका द्वारा अगस्त 2006 में आयोजित नेशन पोल में सभी बिजनेस उद्योगपतियों में 'बेस्ट रोल मॉडल' का सम्मान। बॉम्बे मैनेजमेंट एसोसिएशन द्वारा अक्तूबर 2002 में 'दशक के सबसे महान् उद्यमी' से सम्मानित। रिलायंस को इसके अनेक व्यवसाय क्षेत्रों में विश्व स्तर पर शीर्ष क्रमांक पर स्थापित करने में इनके योगदान के लिए दिसंबर 2001 में 'व्हार्टन इंडिया इकोनॉमिक फोरम' द्वारा पहले भारतीय व्हार्टन अलुमिनी अवार्ड से पुरस्कृत। जून 1990 में भारत में उन्हें व्यापार और वित्तीय क्षेत्र का 'नया हीरो'

कहा गया। सितंबर 2003 में 'एम.टी.वी. यूथ आइकॉन ऑफ द ईयर' चुने गए।

अनिल अंबानी अपने सहकर्मियों को हमेशा कहते रहते हैं कि कठिन समय में भी अपने लक्ष्य को नहीं छोड़ना चाहिए और मुश्किलों को अवसरों में बदलने की कोशिश करनी चाहिए।

□

अनु आगा

कन्फेडरेशन ऑफ इंडियन इंडस्ट्रीज की पश्चिमी क्षेत्र की चेयरपर्सन

कामयाबी का मंत्र–

"ग्राहकों पर विशेष ध्यान देना कंपनी को सफलता के शिखर पर ले जाता है।"

लगन और मेहनत से सबकुछ पा लिया।

जन्म : मुंबई, 3 अगस्त, 1942
शुरुआत : थर्मेक्स कंपनी से
फ्यूचर प्लान : कंपनी को ऊँचाई तक ले जाना
पुरस्कार : अनेक पुरस्कार व सम्मान
रेजीडेंस : पुणे, महाराष्ट्र
नेट वर्थ : यू.एस. डॉलर 1.19 बिलियन (2018)

अनु आगा देश की आठ सबसे अमीर महिलाओं में से एक हैं। फोर्ब्स वर्ष 2018 की सूची में वे छठी सबसे अमीर महिला और विश्व में 1,650वें स्थान पर हैं। सन् 2010 में अनु आगा को केंद्र सरकार ने उनके उल्लेखनीय कार्यों के

लिए 'पद्मश्री' से सम्मानित किया।

वे आठ साल तक 3,246 करोड़ की कंपनी थर्मेक्स लिमिटेड की चेयरपर्सन रह चुकी हैं। वर्तमान समय में वे कंपनी बोर्ड की डायरेक्टर हैं।

अनु आगा का जन्म 3 अगस्त, 1942 को मुंबई में एक अपर मिडिल क्लास परिवार में हुआ। प्रारंभिक शिक्षा के बाद उन्होंने सेंट जेवियर कॉलेज, मुंबई से इकोनॉमिक्स में बी.ए. की डिग्री ली। इसके बाद टाटा इंस्टीट्यूट ऑफ सोशल वर्क में पी.जी. की डिग्री हासिल की, इसके बाद उच्च शिक्षा के लिए अमेरिका चली गईं।

अनु आगा ने अपने कॅरियर की शुरुआत सन् 1985 में थर्मेक्स कंपनी से की। उनकी लगन और मेहनत की बदौलत वे जल्दी ही कंपनी की एच.आर. डिवीजन की प्रभारी बन गईं। पति रोनिटोन आगा की मृत्यु के पश्चात् उन्होंने चेयरपर्सन के तौर पर कंपनी की कमान सँभाली। चेयरपर्सन बनने के बाद उन्होंने कंपनी में कुछ बदलाव किए। सबसे पहले उन्होंने कंपनी बोर्ड का पुनर्गठन किया। इसके बाद नॉन-कोर गतिविधियों को बंद किया। ऑपरेशंस को सही आकार दिया।

कंपनी में सीनियर स्तर पर उच्च क्षमता के प्रदर्शन का माहौल तैयार किया। इन सबके अलावा, जो सबसे महत्त्वपूर्ण काम किया, वह था—अपने ग्राहकों पर विशेष ध्यान देना। उनके समय में कंपनी को सफलता की ऊँचाइयों तक पहुँचाने में सबसे महत्त्वपूर्ण योगदान रहा है। अनु आगा समाजसेवा के क्षेत्र से जुड़ी हुई हैं। इसके अलावा वे कई राष्ट्रीय व स्थानीय संस्थाओं से भी जुड़ी हुई हैं। वे कन्फेडरेशन ऑफ इंडियन इंडस्ट्रीज की पश्चिमी क्षेत्र की चेयरपर्सन रहीं।

27 अप्रैल, 2012 को उन्हें राज्यसभा की सांसद मनोनीत किया गया। वे 26 अप्रैल, 2018 तक इस पद पर रहीं। राज्यसभा में संसद् के एक सदस्य के रूप में उन्होंने सदस्य, कार्मिक, लोक शिकायत, कानून और न्याय समिति; सदस्य, बाल संसदीय फोरम; सदस्य, महिला सशक्तीकरण समिति; सदस्य, वाणिज्य समिति; इत्यादि समितियों में सेवा दी।

□

अजीत जैन

रीइंश्योरेंस ग्रुप, बर्कशायर, हैथवे के अध्यक्ष

कामयाबी का मंत्र–

"जोखिम लेने वाले ही सफलता की अगली पंक्ति में होते हैं।"

जोखिम वाले बीमा के विशेषज्ञ बन गए।

जन्म : 23 जुलाई, 1951
शुरुआत : आई.बी.एम.
फ्यूचर प्लान : ज्यादा जोखिम वाले बीमा करने के विशेषज्ञ
नेट वर्थ : यू.एस. डॉलर 2 बिलियन (2018)

अजीत जैन का जन्म 23 जुलाई, 1951 को उड़ीसा में हुआ। प्रारंभिक शिक्षा के बाद सन् 1972 में उन्होंने आई.आई.टी. खड़गपुर से मेकैनिकल इंजीनियरिंग की डिग्री ली। आज वे रीइंश्योरेंस ग्रुप, बर्कशायर, हैथवे के अध्यक्ष हैं।

उन्हें इंजीनियरिंग की पढ़ाई में कोई रुचि नहीं थी। इंजीनियरिंग की पढ़ाई करने की बजाय वे अर्थशास्त्र, समाजशास्त्र, वियतनाम युद्ध जैसे विषयों पर घंटों

चर्चा किया करते थे।

अजीत जैन ने अपने कॅरियर की शुरुआत आई.बी.एम. से की। उन्होंने सन् 1973 से 1976 तक भारत में आई.बी.एम. के लिए काम किया। उन्होंने यह नौकरी छोड़ दी और अमेरिका चले गए। यहाँ उन्होंने हार्वर्ड बिजनेस स्कूल में दाखिला ले लिया और सन् 1978 में एम.बी.ए. की डिग्री ली।

अजीत जैन ने एम.बी.ए. की डिग्री लेने के बाद दूसरी बार अपने कॅरियर की शुरुआत आई.बी.एम. एंड कंपनी से की। कुछ समय तक काम करने के बाद उन्होंने यह कंपनी छोड़ दी और सन् 1986 में वॉरेन बफेट के बर्कशायर हैथवे के साथ जुड़ गए।

यहाँ वे इंश्योरेंस क्षेत्र में काम करने लगे। इससे पहले अजीत जैन को बीमा बिजनेस का कोई ज्ञान या अनुभव नहीं था। वहाँ उन्हें रीइंश्योरेंस ऑपरेशंस की जिम्मेदारी सौंपी गई। इसके बाद तो अजीत जोखिम वाले बीमा के विशेषज्ञ बन गए। अजीत जैन सबसे ज्यादा जोखिम वाले बीमा करने के विशेषज्ञ माने जाते हैं, जबकि दूसरे बीमा एजेंट इस तरह के जोखिम लेने से बचने की कोशिश करते हैं।

सन् 2001 में 11 सितंबर को अमेरिका पर आतंकी हमले के बाद देश की सबसे लंबी इमारत सियर्स टॉवर का इंश्योरेंस किया गया, जो कि शिकागो में स्थित है।

इस हमले के बाद दूसरी कंपनियाँ सॉल्ट लेक सिटी में आयोजित विंटर ओलंपिक, सन् 2002 का इंश्योरेंस करने से बच रही थीं, लेकिन अजीत जैन ने यह भी किया।

बर्कशायर हैथवे का रीइंश्योरेंस डिवीजन आज कंपनी की तीसरी सबसे बड़ी शाखा बन चुका है। इसका मुख्यालय स्टैनफोर्ड, कनेक्टिकट में है।

बर्कशायर कंपनी के लिए राजस्व जुटाने के मामले में अजीत जैन स्वयं बफेट के बाद दूसरे नंबर पर हैं। बर्कशायर में बफेट ने शेयरधारकों को कंपनी की रिपोर्टों के साथ भेजे पत्र में अकसर जैन की तारीफ की है। सन् 2001 में शेयर होल्डर्स को लिखे पत्र में बफेट ने लिखा था कि कंपनी के लिए अजीत जैन के महत्त्व को शब्दों में बयाँ नहीं किया जा सकता।

2002 में उन्होंने लिखा—"अजित 1986 में जब से हमारे साथ जुड़े, तब से उनके द्वारा तैयार की गई लगभग हर एक नीति का ब्योरा मैंने देखा है। भले ही घाटा पूरी तरह समाप्त नहीं तो नहीं हुआ; लेकिन उनके असाधारण अनुशासन ने मूर्खतापूर्ण नुकसान को जरूर रोका और सफलता का यही मूलमंत्र है कि तेज तर्रार निर्णय लेने के बजाय मुख्य रूप से बेवकूफाना फैसले से बचने पर ही बीमा कंपनियाँ लंबी अवधि के बेहतरीन नतीजे दे सकती हैं, यह कुछ-कुछ निवेश जैसा मामला है।"

2003 में उन्होंने लिखा—"बर्कशायर में उनकी अहमियत की अतिरंजना असंभव है।"

2004 में वे लिखते हैं—"बर्कशायर में अजीत का बहुत बड़ा महत्त्व है।"

2005 में बफेट ने उन्हें 'एक असाधारण प्रबंधक' बताया।

2008 में—"1986 में अजीत बर्कशायर आए। बहुत जल्द ही मुझे महसूस हुआ कि हमने एक असाधारण प्रतिभा को प्राप्त कर लिया है। सो मैंने स्वाभाविक रूप से नई दिल्ली में उसके माता-पिता को पत्र लिखकर पूछा कि उनके घर में उन जैसा और भी कोई हो तो उसे भेजें।"

□

डॉ. ए. वेलुमणि

थायरोकेयर टेक्नोलॉजिज लिमिटेड के संस्थापक

कामयाबी का मंत्र–

"परिस्थितियों से समझौता न करें। उनसे अच्छी तरह मुकाबला करें। फिर देखें, जीत आपकी ही होगी।"

कम खर्च वाले डायग्नोस्टिक सेंटर की शुरुआत की।

जन्म : कोयंबटूर (तमिलनाडु), 1959
शुरुआत : भाभा एटॉमिक रिसर्च सेंटर
फ्यूचर प्लान : देश की नंबर वन कंपनी

डॉ. ए. वेलुमणि थायरोकेयर टेक्नोलॉजिज लिमिटेड के संस्थापक हैं। तमिलनाडु के कोयंबटूर के नजदीक स्थित गाँव अप्पीकेनपट्टी में ग्रैजुएट होने वाले सबसे पहले छात्र हैं।

डॉ. ए. वेलुमणि एक भूमिहीन किसान के बेटे हैं। उन्होंने अपनी प्रारंभिक

शिक्षा कोयंबटूर से पूरी की। गरीबी व आर्थिक तंगी के कारण वे पढ़ाई के साथ-साथ छोटे-मोटे काम भी किया करते थे। पढ़ाई में अच्छे होने के कारण उन्हें स्कॉलरशिप मिलती थी। कोयंबटूर में कॉलेज की पढ़ाई के दौरान वे दलितों के हॉस्टल में रहते थे, जहाँ रहना और खाना नि:शुल्क था।

डॉ. ए. वेलुमणि स्नातक की डिग्री लेने के बाद चार साल तक काम की तलाश में इधर-उधर भटकते रहे, लेकिन उन्हें कहीं काम नहीं मिला। आखिर में हताश होकर वे काम की तलाश में मुंबई आ गए। मुंबई में भाभा एटॉमिक रिसर्च सेंटर में उन्हें काम मिल गया। यहाँ काम के दौरान ही उन्होंने टाटा मेमोरियल हॉस्पिटल से थायराइड केमिस्ट्री में पोस्ट ग्रैजुएशन और पी-एच.डी. की।

डॉ. ए. वेलुमणि कहते हैं कि टाटा मेमोरियल हॉस्पिटल जाते हुए मैं अकसर मरीजों को अस्पताल के बाहर प्रतीक्षा करते हुए देखता था। उन्हें घंटों यों ही बैठे देखकर मैं सोचा करता कि भविष्य में मैं इनके लिए कुछ-न-कुछ जरूर करूँगा।

इसी विचार के साथ एक दिन भाभा एटॉमिक रिसर्च सेंटर की नौकरी छोड़ दी। उन्होंने अपने प्रॉविडेंट फंड के एक लाख रुपए लेकर मेडिकल डायग्नोस्टिक्स के क्षेत्र में उतरने का निश्चय किया।

वे स्वयं डॉक्टर तो थे नहीं, लेकिन कम खर्च में मेडिकल डायग्नोस्टिक सेंटर खोलना चाहते थे। उन्होंने थायरोकेयर की शुरुआत की, जहाँ कम खर्च में थायराइड का टेस्ट किया जा सकता था।

मुंबई के विले पारले में एक छोटी सी लेबोरेटरी से शुरू हुआ थायरोकेयर वर्तमान में देश के 2000 से अधिक शहरों में 1400 फ्रेंचाइजियों, 14000 सर्विस सेंटर्स और 63000 सैंपल संग्रह केंद्रों के एक विशाल समूह में बदल गया है। जहाँ प्रतिदिन लगभग ढाई लाख टेस्ट किए जाते हैं।

थायरोकेयर ने वर्ष 2009 में न्यूक्लियर स्कैनिंग के क्षेत्र में भी जोर आजमाइश आरंभ कर दी। डॉ. ए. वेलुमणि भविष्य में थायरोकेयर को मेडिकल डायग्नोस्टिक्स के क्षेत्र में देश की नंबर वन कंपनी बनाना चाहते हैं।

□

भँवरलाल जैन

जैन ग्रुप ऑफ कंपनीज के संस्थापक अध्यक्ष

कामयाबी का मंत्र–

"सफलता पाना आप पर निर्भर है। बस देखना है, आप इसे किस तरह से प्राप्त करते हैं।"

हमारे देश में कृषि के क्षेत्र में काफी संभावना है।

जन्म : जलगाँव (महाराष्ट्र); 12 दिसंबर, 1937
शुरुआत : राजपत्रित अधिकारी के रूप में
पुरस्कार : अनेक पुरस्कार व सम्मान
नेट वर्थ : यू.एस. डॉलर 1.0 बिलियन (2018)

भँवरलाल जैन 'जैन ग्रुप ऑफ कंपनीज' के संस्थापक अध्यक्ष थे। इसके अलावा वे कई पब्लिक चैरिटेबल ट्रस्ट्स से जुड़े रहे, जो चिकित्सा, सांस्कृतिक, शिक्षा और सामाजिक कार्य करते हैं। इसके अतिरिक्त वे भँवरलाल और कांताबाई जैन फाउंडेशन ट्रस्ट के ट्रस्टी भी रहे।

भँवरलाल जैन का जन्म महाराष्ट्र के जलगाँव जिले में स्थित वकोड़ नामक छोटे से गाँव में हुआ। उन्होंने बी.कॉम., एल-एल.बी. की डिग्री हासिल की। इसके बाद वे सिविल सेवा की तैयारी में जुट गए। सिविल सेवा परीक्षा दी और उसमें उत्तीर्ण भी हो गए। उन्होंने अपने कॅरियर की शुरुआत राजपत्रित अधिकारी के रूप में आरंभ की।

भँवरलाल जैन का स्वभाव सरल व मृदुभाषी था। वे भविष्य में कुछ करना चाहते थे। इसी के चलते उन्होंने नौकरी छोड़ दी और कृषिक्षेत्र से जुड़ गए और अपने साथ ही सैकड़ों किसानों के जीवन स्तर को सुधारने के लिए कई प्रयास किए।

उन्होंने सबसे पहले कृषि में उपयोग होनेवाली सिंचाई मशीन के इंजन सेट्स का क्रूड ऑयल बेचने का काम आरंभ किया। इस काम में सफलता मिलने पर उन्होंने बीज, उर्वरक, कीटनाशक, ट्रैक्टर, पंपसेट्स की बिक्री की, जिसमें उन्हें लगातार सफलता मिलती गई।

भँवरलाल जैन खेत, खेती और किसानों के लिए प्रतिबद्ध रहे। उनकी लगन और मेहनत का ही नतीजा है कि 7000 रुपए से आरंभ किए गए बिजनेस का टर्नओवर सन् 1978 तक 110 मिलियन तक पहुँचा दिया। सन् 1978 में भँवरलाल जैन ने बंदी के कगार पर खड़ी 'बनाना पाउडर फैक्टरी' को खरीद लिया और पपाया लेटैक्स से पापाइन बनाने के लिए उसे संशोधित किया। उन्होंने कॉन्ट्रैक्ट फार्मिंग की शुरुआत उस समय की, जब यह प्रचलन में नहीं थी और न ही लोगों को इसके बारे में ज्यादा कुछ मालूम था।

भँवरलाल जैन ने 250 से अधिक छोटे किसानों को पपीते की खेती के लिए प्रोत्साहित किया और उन्हें कम-से-कम समर्थन मूल्य दिलवाने की गारंटी दी। उन्होंने वाटर मैनेजमेंट सिस्टम और माइक्रो इरिगेशन में विशेष रूप से अत्यधिक काम किया। उनका मानना था, हमारे देश में कृषि के क्षेत्र में काफी संभावनाएँ हैं।

भँवरलाल जैन को कृषि के क्षेत्र में उत्कृष्ट कार्य के लिए कई पुरस्कार मिले। इसमें प्रतिष्ठित क्राफोर्ड रीड मेमोरियल पुरस्कार शामिल है, जो यू.एस.ए. के इरिगेशन डिपाटमेंट की ओर से अमेरिका के बाहर कृषि क्षेत्र में उत्कृष्ट कार्य

करने वालों को दिया जाता है। वे प्रथम भारतीय थे, जिन्हें यह सम्मान प्राप्त हुआ था।

भँवरलाल जैन अहिंसा, अपरिग्रह, अनेकांतवाद, जैसे जैन सिद्धांतों से प्रभावित थे। उन्होंने कई पुस्तकें भी लिखीं।

जैन को अनेक राष्ट्रीय और अंतरराष्ट्रीय पुरस्कार प्राप्त हुए। नवंबर 2007 में उन्हें प्रतिष्ठित यूनेस्को-वेस्ट-नेट वॉटर कंजर्वर ऑफ इंडिया पुरस्कार से सम्मानित किया गया। वर्ष 2008 में उन्हें भारत सरकार द्वारा भारत के चौथे सर्वोच्च नागरिक सम्मान पद्मश्री से सम्मानित किया गया। उत्तर महाराष्ट्र विश्वविद्यालय ने उन्हें कृषि, उद्योग और सामाजिक कार्य के क्षेत्र में उल्लेखनीय उपलब्धियों के लिए डॉक्टर ऑफ लेटर्स की डिग्री से सम्मानित किया। महाराणा प्रताप कृषि और प्रौद्योगिकी विश्वविद्यालय, राजस्थान और कोंकण कृषि विद्यापीठ, महाराष्ट्र ने अनुसंधान परियोजनाओं और ड्रिप सिंचाई परियोजनाओं को स्थापित करके राष्ट्र के लिए जबरदस्त सेवा के लिए डॉक्टर ऑफ साइंस की डिग्री से सम्मानित किया। वर्ष 2012 में उन्हें फोर्ब्स द्वारा द गुड कंपनी अवॉर्ड से सम्मानित किया गया।

25 फरवरी, 2016 को मुंबई के जसलोक अस्पताल में उनका निधन हो गया।

□

डॉ. बी.आर. शेट्टी

न्यू मेडिकल सेंटर (एन.एम.सी.) ग्रुप ऑफ कंपनीज के चीफ एक्जीक्यूटिव ऑफिसर और मैनेजिंग डायरेक्टर

कामयाबी का मंत्र–

"आपकी कार्यकुशलता ही आपको सफल या असफल बनाती है।"

गरीब और कमजोर लोगों के लिए काम करना अच्छा लगता है।

जन्म : उडुपी, 1 अगस्त, 1942
शुरुआत : अबू धाबी में फार्मेसी खोलकर
पुरस्कार : अनेक पुरस्कार व सम्मान
रेजीडेंस : बुर्ज खलीफा, दुबई
नेट वर्थ : यू.एस. डॉलर 4.1 बिलियन (2018)

बी.आर. शेट्टी के नाम से मशहूर डॉ. बावागुथु रघुराम शेट्टी न्यू मेडिकल सेंटर (एन.एम.सी.) ग्रुप ऑफ कंपनीज के चीफ एक्जीक्यूटिव ऑफिसर और मैनेजिंग डायरेक्टर हैं। इसके अलावा वे वर्ल्ड बंट्स फाउंडेशन ट्रस्ट के चेयरमैन

हैं, जो कमजोर एवं गरीब लोगों के कल्याण के लिए कार्य करता है।

डॉ. बी.आर. शेट्टी का जन्म 1 अगस्त, 1942 को कर्नाटक के उडुपी में हुआ। अपनी प्रारंभिक शिक्षा के बाद फार्मासिस्ट कोर्स की ट्रेनिंग उन्होंने मणिपाल स्थित कस्तूरबा मेडिकल कॉलेज से की।

डॉ. बी.आर. शेट्टी जब 23 साल के थे, उन्हें उडुपी का म्यूनिसिपल काउंसलर चुना गया। वे दो बार उडुपी म्यूनिसिपल के उपाध्यक्ष रह चुके हैं। उन्होंने क्षेत्र के विकास के लिए कई परियोजनाओं की शुरुआत कर अपनी कार्यकुशलता का प्रदर्शन किया।

सन् 1973 में अपने कॅरियर को नई दिशा देने के लिए वे अबू धाबी चले गए। अबू धाबी आने पर उन्हें यहाँ स्थानीय हैल्थकेयर क्षेत्र में संभावनाएँ नजर आईं और सन् 1975 में उन्होंने अपनी पहली फार्मेसी खोली। डॉ. बी.आर. शेट्टी ने इसके दो साल बाद सन् 1977 में न्यू मेडिकल सेंटर की स्थापना की। एन.एम.सी. में अन्य सुविधाओं के अलावा दाँतों के लिए अलग से एक विभाग था।

सन् 2003 तक एन.एम.सी. संयुक्त अरब अमीरात में अस्पतालों के लिए सबसे बड़ी चेन वाला ग्रुप बन गया। इसके बाद डॉ. बी.आर. शेट्टी दवा, उपभोक्ता उत्पाद, मेडिकल, साइंटिफिक इक्विपमेंट्स, कॉस्मेटिक्स आदि के कारोबार में भी उतरे और कामयाबी हासिल की। इनकी सफलता के बाद डॉ. बी.आर. शेट्टी ने इन्फॉर्मेशन टेक्नोलॉजी, हॉस्पिटेलिटी, एडवर्टाइजिंग एंड पब्लिक रिलेशंस, ज्वेलरी, रीयल इस्टेट जैसे क्षेत्रों में भी अपने पाँव पसारे। नैनोटेक्नोलॉजी, बायोटेक्नोलॉजी, शेल थैरेपी एवं टिश्यू कल्चर के क्षेत्रों में उनकी पकड़ है।

शेट्टी ने शेख जायद के सम्मान में अबू धाबी में पहला चिकित्सा विश्वविद्यालय बनवाया। वे ड्यूक विश्वविद्यालय और कैलिफोर्निया विश्वविद्यालय, सैन डिएगो समेत दुनिया के कुछ शीर्ष विश्वविद्यालयों के साथ वैज्ञानिक सहयोग भी कर रहे हैं।

वे भारतीय व्यापार व्यावसायिक समूह के अध्यक्ष रहे। उन्होंने बी.आर.एस. वेंचर्स के माध्यम से कर्नाटक के उडुपी में एक 400 बिस्तर का सुपर स्पेशियलिटी

अस्पताल का निर्माण कराया। शेट्टी ने नेपाल में दो तथा अलेक्जेंड्रिया में और काहिरा में एक-एक अस्पताल अधिग्रहण कर अपनी कंपनी में शामिल किया। उसी के साथ उन्होंने उत्तराखंड के एक चिकित्सा संस्थान में निवेश किया है।

वे अमीरात में भारतीय फार्मास्युटिकल एसोसिएशन के संस्थापक-संरक्षक हैं; और सलाहकार बोर्ड (वित्तीय क्षेत्र), आर्थिक विभाग, दुबई सरकार, संयुक्त अरब अमीरात और फार्मास्युटिकल कमेटी, दुबई के सदस्य हैं। वे अबू धाबी इंडियन स्कूल और ब्राइट राइडर्स स्कूल के अध्यक्ष भी हैं।

अगस्त 2015 में, शेट्टी को संयुक्त अरब अमीरात एक्सचेंज के निदेशक मंडल के अध्यक्ष के रूप में निर्वाचित किया गया था। एच.एच. शेख मोहम्मद बिन राशिद अल मकतूम ने सितंबर 2016 में संयुक्त अरब अमीरात चिकित्सा परिषद् के सदस्य के रूप में शेट्टी को नामांकित किया।

अबू धाबी के अरबपतियों में गिने जानेवाले डॉ. बी.आर. शेट्टी ने पिछले साल (2017) 1000 करोड़ रुपए की लागत से 'द महाभारत' फिल्म बनाने की घोषणा की। बी.आर. शेट्टी और मोशन पिक्चर मिलकर 'द महाभारत' फिल्म बना रहे हैं। यह फिल्म कई विदेशी भाषाओं के साथ ही भारत की प्रमुख 6 भाषाओं में रिलीज की जाएगी। इस फिल्म का निर्देशन जाने माने एडमैन और विज्ञापन फिल्म निर्माता वी.ए. श्रीकुमार मेनन कर रहे हैं। वर्ष 2020 की शुरुआत में इसका प्रदर्शन होगा।

फिलहाल बी.आर. शेट्टी की एन.एम.सी. निओ फार्मा में 40 हजार लोग काम करते हैं। उन्हें सबसे ज्यादा कमाई विदेशी मुद्रा के एक्सचेंज से होती है।

उनके नाम पुरस्कारों की एक लंबी फेहरिस्त है। 2005 में, शेट्टी को अबू धाबी पुरस्कार से सम्मानित किया गया। 2005 में ही यू.एस. इंडिया फ्रेंडशिप सोसाइटी द्वारा विशिष्ट उद्यमी पुरस्कार द्वारा सम्मानित किया गया। शेट्टी को व्यापार और उद्योग के क्षेत्र में उनके असाधारण योगदान के लिए वर्ष 2007 में प्रवासी भारतीय सम्मान और सन् 2009 में राष्ट्रपति द्वारा 'पद्मश्री' पुरस्कार से नवाजा जा चुका है। जुलाई 2011 में मानव अचीवर्स फाउंडेशन द्वारा एशियाई अचीवर्स अवॉर्ड प्रदान किया गया। मार्च 2013 में उन्हें अंतरराष्ट्रीय अचीवर्स

शिखर सम्मेलन में लाइफटाइम अचीवमेंट अवॉर्ड से सम्मानित किया गया। इसी साल उन्हें एशियाई बिजनेस लीडरशिप फोरम इंडिया-यू.ए.ई. बिजनेस आइकॉन अवॉर्ड मिला। 2014 में फोर्ब्स मध्य-पूर्व ने संयुक्त अरब अमीरात पुरस्कार में शीर्ष भारतीय नेताओं के साथ शेट्टी को मान्यता दी। 2014 में उन्हें लक्ष्मी बिजनेस विजनरी अवॉर्ड मिला। जून 2015 में, शेट्टी को क्रो हॉर्वथ इंटरनेशनल द्वारा बिजनेस पर्सनिलिटी ऑफ द ईयर पुरस्कार मिला। 2016 में, शेट्टी को बिजनेस लीडरशिप के लिए गोल्डन पीकॉक लाइफटाइम अचीवमेंट अवॉर्ड मिला। 2016 में, शेट्टी को भारतीय व्यापार और व्यावसायिक परिषद् द्वारा बिजनेस एक्सीलेंस अवॉर्ड से नवाजा गया। दुबई में मिडिलसेक्स विश्वविद्यालय द्वारा 2016 में शेट्टी को मानद डॉक्टरेट से सम्मानित किया गया। उद्योग एवं व्यापार के क्षेत्र में उनके योगदान के लिए उन्हें और भी कई पुरस्कार मिल चुके हैं।

डॉ. बी.आर. शेट्टी अबू धाबी में अपनी व्यावसायिक गतिविधियों के अलावा शेख जईद अंतरराष्ट्रीय क्रिकेट स्टेडियम के निर्माण-कार्य में भी शामिल रहे। शेट्टी के अनुसार, "मुझे गरीब व कमजोर लोगों के लिए काम करना हमेशा से अच्छा लगता है और मैं यह हमेशा करता रहूँगा।"

□

धीरूभाई अंबानी

रिलायंस कॉमर्शियल के संस्थापक

कामयाबी का मंत्र

"बड़ा सोचो, तेज सोचो, दूसरों से पहले सोचो। विचारों पर किसी का एकाधिकार नहीं है।"

अपनी कीमत समझो।

जन्म : जूनागढ़, 28 दिसंबर, 1932
निधन : 6 जुलाई, 2002
शुरुआत : डिस्पैच क्लर्क से
फ्यूचर प्लान : देश की सबसे बड़ी कंपनी बनाना
पुरस्कार : अनेक पुरस्कार व सम्मान

गरीब परिवार से संबंध रखनेवाले धीरूभाई अंबानी का जन्म सन् 1932 में जूनागढ़ (गुजरात) में एक गरीब शिक्षक हीराचंद अंबानी के घर हुआ। बचपन से ही उनका मन पढ़ाई-लिखाई में नहीं लगा। उन्होंने केवल दसवीं तक स्कूली

शिक्षा प्राप्त की। सत्रह साल की उम्र में नौकरी की तलाश में वे यमन के शहर अदन आ गए और अ. बेससे नामक कंपनी में 300 रुपए के वेतन पर डिस्पैच क्लर्क की नौकरी करने लगे। वहीं से धीरूभाई के मन में व्यवसाय की बारीकियाँ जानने को लेकर उत्सुकता पैदा हुई। अ. बेससे में नौकरी करते हुए वे एक गुजराती व्यावसायिक कंपनी में भी काम करते थे और वहाँ से उन्होंने लेखा-जोखा, वित्तीय विभाग का काम और शिपिंग पेपर्स तैयार करना सीखा।

उनका मन काम में नहीं लगता था। वे अकसर मन-ही-मन सोचते कि यहाँ जितने घंटे मैं काम करता हूँ, यदि उतने ही घंटे मैं अपने लिए काम करूँगा तो एक दिन में कितना कमा सकता हूँ और एक महीने में इतना तो एक साल में उतना। एक दिन उन्होंने अपना काम शुरू करने का फैसला कर लिया और भारत लौट आए।

नौ साल बाद भारत लौटकर धीरूभाई अंबानी ने अपनी पहली कंपनी 'रिलायंस कॉमर्शियल' की स्थापना की। सन् 1965 में उन्होंने चंपकलाल दमानी के साथ साझे में पंद्रह हजार की पूँजी लगाकर मसालों का व्यापार आरंभ किया, लेकिन जल्दी ही उन्हें एहसास हो गया कि यदि वे मसालों की बजाय सूत का व्यापार करेंगे तो इसमें उन्हें फायदा ज्यादा होगा।

सन् 1966 में धीरूभाई अंबानी ने मसालों का व्यापार छोड़ दिया और सूत का व्यापार करने लगे। उन्होंने नरोदा, गुजरात में वस्त्र-निर्माण इकाई आरंभ की। इसके बाद उन्होंने पीछे मुड़कर नहीं देखा। वे दिन-रात मेहनत करते थे। अपनी मेहनत, लगन और बुद्धि से उन्होंने रिलायंस को देश की सबसे बड़ी कंपनी बना दिया।

उन्होंने सन् 1977 में पूँजी बाजार में अपनी योजनाओं को वित्तीय रूप दिया। उन्होंने अपने दम पर भारतीय शेयर बाजार का नक्शा ही बदल दिया। मध्यम वर्गीय लोगों को अपना निवेशक बनाया। इस प्रकार धीरूभाई अंबानी ने देश में एक नई निवेशक नीति आरंभ की। जिसमें आम जनता को उन्होंने अपने शेयर बेचे। रिलायंस ग्रुप ने देश में 500 कंपनियों का कॉर्पोरेशन तैयार किया, जो अपने आप में एक मिसाल है।

"बड़ा सोचो, तेजी से सोचो व सबसे पहले सोचो, विचारों पर किसी का एकाधिकार नहीं होता," की सोच रखनेवाले रिलायंस कंपनी के संस्थापक धीरूभाई अंबानी की सफलता का अंदाजा इस बात से लगाया जा सकता है कि उन्होंने सन् 1959 में अपना बिजनेस मात्र 15,000 रुपए की पूँजी से आरंभ किया और सन् 2002 में जब उनकी मृत्यु हुई, उस समय रिलायंस ग्रुप की सकल संपत्ति 60,000 करोड़ के लगभग थी।

धीरूभाई अंबानी ने पॉलिस्टर, पैट्रोकेमिकल, तेल-शोधक कारखाने व तेल की खोज का अरबों डॉलर का कॉर्पोरेशन तैयार किया। 6 जुलाई, 2002 को उनका निधन हो गया।

धीरूभाई अंबानी को अनेक पुरस्कार व सम्मान मिले। भारत सरकार द्वारा उनकी स्मृति में एक डाक टिकट जारी किया गया। एशियन बिजनेस लीडरशिप फोरम अवार्ड (ए.बी.एल.एफ. ग्लोबल एशियन अवार्ड) 2011 में मरणोपरांत सम्मानित। भारत में केमिकल उद्योग के विकास में महत्त्वपूर्ण योगदान के लिए 'केमटेक फाउंडेशन एंड कैमिकल इंजीनियरिंग वर्ल्ड' द्वारा 'मैन ऑफ द सेंचुरी' सम्मान, 2000। एशियावीक पत्रिका द्वारा वर्ष 1996, 1998 और 2000 में 'पॉवर 50 : मोस्ट पावरफुल पीपल इन एशिया' की सूची में शामिल। वर्ष 1998 में पेनसिल्वेनिया विश्वविद्यालय द्वारा अप्रतिम नेतृत्व के लिए 'डीन मैडल' प्रदान किया गया। वर्ष 2001 में 'इकोनॉमिक टाइम्स अवार्ड्स फॉर कॉर्पोरेट एक्सीलेंस' के अंतर्गत लाइफटाइम अचीवमेंट अवार्ड। फेडरेशन ऑफ इंडियन चैंबर्स ऑफ कॉमर्स एंड इंडस्ट्री, फिक्की द्वारा 20वीं सदी के महान् भारतीय उद्यमी का दर्जा दिया गया।

□

दादी बलसारा

एशियन परफ्यूम किंग

कामयाबी का मंत्र

"असफलता से कभी हिम्मत न हारो।"

हमारे मन का डर ही हमें आगे बढ़ने से रोकता है।

जन्म : नागपुर
निधन : दिल्ली; 18 जून, 2014
शुरुआत : एल.आई.सी. ऑफिसर
फ्यूचर प्लान : परफ्यूम सुपर किंग बनना

दादी बलसारा कई साल पहले नागपुर में एल.आई.सी. अफसर थे। उनकी तनख्वाह 600 रुपए महीना थी। जब उन्हें लगा कि यहाँ वे अधिक सफल नहीं हो सकते तो उन्होंने वह कार्य छोड़ दिया। इसके बाद वे स्कॉलरशिप लेकर अमेरिका में साइकॉलोजी पढ़ने चले गए। वहाँ कुछ दिन तो उनका मन लगा, लेकिन जल्दी

ही ऊब गए। कुछ दिन वे खाली बैठे रहे, लेकिन इस तरह जीविका कैसे चलती? जीने के लिए कुछ करना जरूरी था। बार-बार की विफलता उन्हें परेशान कर रही थी। एक दिन उन्होंने इस पर गंभीरतापूर्वक विचार किया कि वे क्यों किसी भी कार्य में सफल नहीं हो रहे हैं।

फिर उन्होंने उसी दिन दृढ़ निश्चय कर लिया कि वे जो भी नया काम शुरू करेंगे, उसमें हार नहीं मानेंगे चाहे उन्हें बार-बार असफलता मिलती रहे, लेकिन एकाग्रता और समर्पण के साथ काम करते रहेंगे।

कुछ वर्ष बाद एक जापानी चैनल ने उनके जीवन पर आधारित कार्यक्रम शुरू किया। शो की होस्टिंग खुद बलसारा ने की। वहाँ उनके दो शो 'यू एंड यॉर डेस्टनी' और 'पॉवर ऑफ द माइंड' खासे लोकप्रिय हुए। यहाँ से उनके पास पैसा आना शुरू हुआ। यहाँ से उन्होंने पीछे मुड़कर नहीं देखा। कुछ ही समय बाद सिंगापुर में रहने चले गए।

वहाँ परफ्यूम का बिजनेस शुरू किया और जल्द ही 'परफ्यूम किंग ऑफ एशिया' के नाम से विख्यात हो गए। 1991 में वे भारत लौटे और 2 करोड़ डॉलर की लागत से हिमाचल प्रदेश में देश का सबसे बड़ा मिनरल वाटर प्लांट स्थापित किया।

उन्होंने माउंट एवरेस्ट मिनरल वाटर लिमिटेड कंपनी बनाई, जिसका हिमालयन ब्रांड खासा लोकप्रिय हुआ। वे लगातार मिनरल वाटर के व्यापार को ऊपर उठाने में लगे रहे। आखिर उन्हें सफलता हाथ लगी और वे 63 मुल्कों में करीब 7 अरब डॉलर का मिनरल वाटर का विशाल साम्राज्य संचालित करने लगे। 2001 में टाटा ग्रुप ने यह कंपनी खरीद ली। टाटा अब इसे हिमालयन नाम से चला रहा है।

कंपनी बेचने के दौरान दादी बलसारा का टाटा से अनुबंध हुआ कि वे जब तक जिंदा रहेंगे, उनके दिल्ली स्थित पाँच सितारा होटल ताज मान सिंह में ही रहेंगे। रियायत के बाद उनके कमरे का किराया 15 हजार रुपए प्रतिदिन था। यह होटल 1979 में खुला था, तब से बलसारा इसके एक सुइट में रह रहे थे।

यहीं 18 जून, 2014 को 81 वर्षीय दादी बलसारा का निधन हो गया।

होटल के कमरा नंबर 901 में 37 साल तक रहे। वे अकेले रहते थे। उनके भाई अस्पी बलसारा जमशेदपुर (झारखंड) के जाने-माने कार्डियोलॉजिस्ट हैं। पारसी समुदाय के दादी बलसारा शादी-शुदा थे। 2009 में उनकी चीन मूल की पत्नी की मौत हो गई थी। उनकी कोई संतान नहीं थी। वे कई सालों तक सिंगापुर में भी रहे।

दादी बलसारा का सिंगापुर में परफ्यूम के अलावा अमेरिका में आभूषण, स्विट्जरलैंड में घड़ी और ताइवान में जींस का बिजनेस था। उनकी सफलता का राज उनकी महत्त्वाकांक्षा और मेहनत थी।

ज्योतिष और हस्तरेखा विशेषज्ञ के रूप में वे जॉन एफ. कैनेडी, निकसन, चाऊ एन लाई और क्लिंटन जैसे नामी नेताओं से भी मिले। उनका कहना था, "जोश और नया काम शुरू करने के मौलिक विचार के साथ-साथ जोखिम लेने की हिम्मत हो तो दुनिया की कोई ताकत उसे नहीं रोक सकती।"

□

डॉ. देशबंधु गुप्ता

ल्यूपिन लैबोरेटरीज लि. के संस्थापक और चेयरमैन

कामयाबी का मंत्र–

"आपका टारगेट आपको लक्ष्य तक पहुँचाता है।"

अच्छी नौकरी छोड़कर अपना कार्य शुरू किया।

जन्म : राजगढ़, अलवर, ब्रिटिश राज (अब राजस्थान में); 8 फरवरी, 1938 को

निधन : मुंबई; 26 जून, 2017

शुरुआत : बिरला इंस्टीट्यूट ऑफ टेक्नोलॉजी पिलानी में एसोशिएट प्रोफेसर

फ्यूचर प्लान : तीन साल में दवा-बिक्री का आँकड़ा तीन अरब डॉलर तक पहुँचाना

पुरस्कार : अनेक पुरस्कार व सम्मान

नेट वर्थ : यू.एस. डॉलर 3.6 बिलियन (2017)

डॉ. देशबंधु गुप्ता 'ल्यूपिन लैबोरेटरीज लिमिटेड' के फाउंडर और चेयरमैन थे। उनकी कहानी बुलंद हौसलों के दम पर दुनिया जीत लेने वाली है।

डॉ. देशबंधु गुप्ता का जन्म अलवर जिले के राजगढ़ कस्बे में 8 फरवरी, 1938 को हुआ। वे पढ़ाई में हमेशा अव्वल रहे। 20 साल की उम्र में ही उन्होंने मास्टर्स की पढ़ाई शुरू कर दी थी। केमिस्ट्री में एम.एस-सी. की डिग्री के बाद देशबंधु जब कॅरियर की तलाश में थे, तब उनके फूफा बाबूलाल गुप्ता ने अपने बहनोई ओमप्रकाश गुप्ता, जो कि भरतपुर रियासत के महाराजा ब्रजेंद्रसिंह के ए.डी.सी. थे, ने महाराजा ब्रजेंद्रसिंह से मुलाकात कराई। महाराजा ने गुप्ताजी की प्रतिभा से प्रभावित होकर इंडस्ट्रियलिस्ट घनश्यामदास बिड़ला से तुरंत फोन पर सिफारिश की और उन्हें बिड़ला इंस्टीट्यूट ऑफ टेक्नोलॉजी एंड साइंस, पिलानी में लेक्चरर की पोस्ट मिली।

इसके बाद उन्होंने मुंबई आकर ब्रिटेन की एक दवा कंपनी में काम किया। यहीं उन्हें अपनी दवा कंपनी खोलने का आइडिया आया और 1968 में महज पाँच हजार रुपए में ल्यूपिन की शुरुआत की। बाद में उनकी अगुआई में ही ल्यूपिन देश की टॉप फार्मा कंपनियों में शामिल हुई। उन्होंने ग्रामीण भारत में विकास को बढ़ावा और गरीबी खत्म करने को लेकर ल्यूपिन ह्यूमन वेलफेयर एंड रिसर्च फाउंडेशन की स्थापना की थी।

कंपनी के मुताबिक, उनकी कोशिशों से देश के 3,463 गाँवों के 28 लाख परिवारों की जिंदगियों में सकारात्मक बदलाव लाने में मदद मिली। उनकी कंपनी फिलहाल डायबिटीज, अस्थमा, एड्स, हार्ट अटैक और टीबी की दवाएँ बना रही है। इस समय ल्यूपिन दुनिया में टी.बी. की दवाओं की सबसे बड़ी कंपनी भी है। कंपनी की मार्केट वैल्यू 48,000 करोड़ रु. और 100 देशों में कारोबार है। देश में उसकी 8 फैक्टरियाँ—गोवा, तारापुर, अंकलेश्वर, जम्मू, मंडीदीप, इंदौर, औरंगाबाद और वडोदरा में हैं, जबकि एक फैक्टरी जापान के सैंडा में है।

वह अमेरिका में जेनेरिक दवाओं की पाँचवीं सबसे बड़ी सप्लायर है। कंपनी की करीब 30 फीसदी इनकम डोमेस्टिक मार्केट से होती है।

डॉ. गुप्ता ने फार्मा कंपनी के कारोबार के दौरान इस बात का खास ध्यान

रखा कि बीमारों को किफायती दाम पर बेहतर क्वालिटी की दवाइयाँ मिलें। मेडिसिन मैन्युफैक्चरिंग में एंपायर खड़ा करने के बाद भी वे अपने शहर और गरीबी के दिन नहीं भूले थे। अपने बिजी शेड्यूल से उन्हें भी जब भी मौका मिलता, वे अपने शहर आते रहते थे।

उनके पूर्व विदेश मंत्री नटवरसिंह से भी अच्छे ताल्लुकात थे। उनके कहने पर डॉ. देशबंधु गुप्ता ने 2 अक्तूबर, 1988 को भरतपुर के ग्रामीण इलाकों के डवलपमेंट के लिए ल्युपिन ह्यूमन वेलफेयर एंड रिसर्च फाउंडेशन की स्थापना की। यह एन.जी.ओ. अब देश भर में 35 से ज्यादा जगहों पर काम कर रही है। इसके बजट का अनुमान इसी से लगा सकते हैं कि महाराष्ट्र के धुले गाँव के डवलपमेंट के लिए उन्होंने पर्सनल फंड से 500 करोड़ रुपए दिए।

भरतपुर में 1990 में आर.बी.एम. अस्पताल में 25 लाख रुपए देकर एक ब्लॉक बनवाया था। इसका बोर्ड अभी भी आर.बी.एम. में लगा हुआ है। इसने जापान, यूरोपीय देशों और दक्षिण अफ्रीका में कई कंपनियों का अधिग्रहण भी किया।

डॉ. देशबंधु गुप्ता ने रसायन शास्त्र में पी–एच.डी. की। अध्यात्म में उनकी गहरी रुचि रही। वे विपश्यना का अभ्यास नियमित रूप से करते थे। वे ग्लोबल विपश्यना फाउंडेशन के ट्रस्टी और इस्कॉन, जुहू टेंपल से भी जुड़े हुए रहे।

सन् 2009 में इंडियन फार्मा इंडस्ट्री को दिए गए उल्लेखनीय योगदान के लिए डॉ. देशबंधु गुप्ता को लाइफ टाइम अचीवमेंट अवार्ड से सम्मानित किया गया। अर्न्स्ट एंड यंग द्वारा 2011 में आंत्रप्रेन्योर का 'विजनरी लीडर अवार्ड' दिया गया। 2014 में फोर्ब्स मैगजीन ने अमीर लोगों की लिस्ट में उन्हें 308वीं रैंकिंग दी।

□

दीपक पुरी

मोजरबेयर कंपनी के एम.डी.

कामयाबी का मंत्र–

"असफलता होमवर्क है, इससे न घबराएँ।"

सफलता का सही स्वाद असफलता के बाद मिलता है।

जन्म : कोलकाता
शुरुआत : छोटे बिजनेस से
फ्यूचर प्लान : बड़ी बिजनेस कंपनी बनाना
पुरस्कार : अनेक पुरस्कार व सम्मान

दीपक पुरी मोजरबेयर कंपनी के एम.डी. हैं। मोजरबेयर को सरकार ने 'फाइटोसैनिटरी सर्टिफिकेट ऑफ कॉम्पेटेंसी' दिया है। मोजरबेयर को यह ईको फ्रेंडली वुड ट्रीटमेंट के लिए दिया गया था। इसके अलावा प्रसिद्ध कंपनी 'सोनी' ने इसे ग्रीन पार्टनर का प्रमाण-पत्र दिया है। दीपक पुरी ने लंदन के इंपीरियल कॉलेज ऑफ साइंस एंड टेक्नोलॉजी से मेकैनिकल इंजीनियरिंग में मास्टर्स डिग्री

की पढ़ाई की। पढ़ाई पूरी होने पर वे स्वदेश लौट आए। यहाँ आकर उन्होंने अपने कॅरियर की शुरुआत कोलकाता में की।

दीपक पुरी ने कई बिजनेस किए, लेकिन उन्हें सफलता नहीं मिली। उन्होंने कोलकाता में फैक्टरी लगाई। वहाँ वे एल्युमीनियम तार, पाइप और एसी के कंडक्टर्स आदि बनाते थे। सबकुछ ठीक-ठाक चल रहा था कि मजदूरों के विद्रोह ने फैक्टरी में ताला लगाने पर मजबूर कर दिया। बंगाल में ट्रेड यूनियन की मनमानी के चलते कई व्यापारियों को अपना काम वहाँ से समेटना पड़ा। दीपक ने भी अपना बिजनेस समेट लिया।

दीपक पुरी ने दूसरा बिजनेस बैंकिंग के क्षेत्र में किया। उन्होंने बैंकिंग क्षेत्र के लिए समय रिकॉर्ड करनेवाला उपकरण बनाने का काम शुरू किया। काम ठीक तरह से जम पाता, उससे पहले ही मजदूरों की समस्या शुरू हो गई। मजदूरों ने फैक्टरी पर धावा बोल दिया। फैक्टरी में काफी तोड़-फोड़ की और कुछ मशीनों में तेजाब डाल दिया गया। इस तरह दीपक पुरी की दूसरी फैक्टरी भी बंद हो गई।

दीपक पुरी ने दो बिजनेस किए। मजदूरों की समस्या के कारण दोनों ही बंद करने पड़े। इसके बावजूद उन्होंने हार नहीं मानी। वे काफी दिनों तक रिसर्च करते रहे कि अब उन्हें कौन सा काम करना चाहिए, जिसमें उन्हें सफलता मिल सके।

दीपक पुरी नए बिजनेस आइडिया की तलाश में मुंबई आ गए। यहाँ उन्होंने कंप्यूटर से संबंधित बिजनेस करने का फैसला किया। इस तरह उन्होंने तीसरा बिजनेस डाटा स्टोरेज का करने का मन बना लिया। उन्होंने तुरंत अपने प्रोजेक्ट पर काम शुरू कर दिया। इसके लिए वे कैलीफोर्निया गए। यहाँ डाटा स्टोरेज मीडिया के सबसे बड़े निर्माता 'एक्साईडेक्स' के मालिक से बात की।

दीपक पुरी ने कैलीफोर्निया में रहकर डाटा स्टोरेज से संबंधित सभी जानकारियाँ हासिल कीं। पर्याप्त अनुभव व जानकारी के बाद सन् 1983 में उन्होंने अपनी कंपनी मोजरबेयर की स्थापना की। इस तरह उन्होंने अपना तीसरा बिजनेस आरंभ किया। इस बार किस्मत ने भी उनका साथ दिया। जो भी समस्या आई, उसका उन्होंने हिम्मत के साथ सामना किया। किसी से कोई शिकायत नहीं

की और समस्या का समाधान खोजने में जुटे रहे। यदि बंदरगाहों को लेकर कोई समस्या आई तो उन्होंने स्वयं की सप्लाई चेन बना ली। बिजली की समस्या आई तो खुद की कैप्टिव यूनिट लगा ली।

इस तरह 8 इंच और 5.5 डिस्क के रूप में शुरू हुई मोजरबेयर वर्तमान में टॉप-3 ऑप्टिकल और मैग्नेटिव स्टोरेज कंपनियों में से एक है। उनके उत्पादों में सी.डी., डी.वी.डी., सी.डी.-आर., सी.डी.-आर.डब्ल्यू. और लाइटस्क्राइब सी.डी.-आर. शामिल हैं। आज उनकी कंपनी दुनिया की दूसरी सबसे बड़ी ऑप्टिकल स्टोरेज मीडिया निर्माता कंपनी है।

उन्हें अनेक पुरस्कार व सम्मान मिले। जनवरी 2010 में भारतीय उद्योग के विकास में उनके योगदान के लिए पद्मश्री पुरस्कार। इलेक्ट्रॉनिक इंडस्ट्रीज एसोसिएशन ऑफ इंडिया द्वारा 'इलेक्ट्रॉनिक्स मैन ऑफ द ईयर 2002' सम्मान। 'आई.टी. मैन ऑफ द ईयर' शीर्ष आई.टी. प्रकाशन डाटाक्वेस्ट द्वारा 'द इंटरप्रेन्योर ऑफ द ईयर' पुरस्कार। वर्ष 2009 के लिए सी.एन.बी.सी.-टी.वी. 18 द्वारा 'वर्ष के नवाचारी'।

□

ध्रुव एम. साहनी

त्रिवेणी इंजीनियरिंग के चेयरमैन व डायरेक्टर

कामयाबी का मंत्र–

"सही प्लानिंग के साथ कड़ी मेहनत।"

कड़ी मेहनत सफलता के द्वार पर ले जाती है।

जन्म : पंजाब
शुरुआत : चाचा की शुगर फर्म से
फ्यूचर प्लान : शुगर किंग बनना
पुरस्कार : अनेक पुरस्कार व सम्मान

ध्रुव एम. साहनी त्रिवेणी इंजीनियरिंग के चेयरमैन व मैनेजिंग डायरेक्टर हैं। बात पढ़ाई की हो या प्रोफेशनल फील्ड की, ध्रुव एम. साहनी हमेशा अव्वल रहे हैं। अपने चाचा की डूबती कंपनी को वे लाभ में ले आए। पिता की कंपनी को भी चमका दिया।

ध्रुव एम. साहनी ने यूनिवर्सिटी ऑफ कैंब्रिज, यू.के. के एमानुएल कॉलेज से

मेकैनिकल साइंस में मास्टर्स डिग्री ली। व्हार्टन स्कूल, पेंसिल्वेनिया यूनिवर्सिटी, अमेरिका से एम.बी.ए. किया। अच्छे नंबर लेकर यूनिवर्सिटी में दूसरे नंबर पर आए। ध्रुव एम. साहनी को सबसे पहले बड़ी सफलता उस वक्त मिली, जब उनके चाचा की इंजीनियरिंग व शुगर फर्म लड़खड़ा रही थी। उसकी कमान सँभालकर ध्रुव एम. साहनी ने अपनी इंटरप्रेन्योर स्किल और कड़ी मेहनत से उसे लाभ की स्थिति में ला खड़ा किया। इसके बाद उन्होंने पिता की शुगर फर्म को भी सँभाला। दो बिजनेस को मिलाकर त्रिवेणी इंजीनियरिंग एंड इंडस्ट्रीज में बदल दिया।

देश में टॉप-3 शक्कर उत्पादकों में त्रिवेणी इंजीनियरिंग एंड इंडस्ट्रीज का नाम शामिल है। इसके अलावा पावर प्लांट और वेस्ट वाटर ट्रीटमेंट प्रोजेक्ट में उपयोग में आनेवाली स्टीम टरबाइन सप्लाई करने में भी यह अग्रणी है। देश के ग्रामीण क्षेत्रों में स्थित 42 स्टोर की शृंखला से कंपनी काम कर रही है। इनका पूरा ध्यान किसानों के ऊपर है।

वे कंफेडरेशन ऑफ इंडियन इंडस्ट्रीज, यानी सी.आई.आई., द इंडियन शुगर मिल्स एसोसिएशन और शुगर टेक्नोलॉजिस्ट एसोसिएशन ऑफ इंडिया के प्रेसीडेंट भी रह चुके हैं। वे चार्टर्ड इंस्टीट्यूट ऑफ मैनेजमेंट, यू.के. के कंपेनियन मेंबर हैं। दिल्ली के सबसे पुराने चैरिटेबल अस्पताल के बोर्ड ऑफ ट्रस्टीज के चेयरमैन हैं। ड्यूक ऑफ एडिनबर्ग प्रिंस फिलिप द्वारा सन् 1956 में स्थापित कॉमनवेल्थ लीडरशिप डेवलमेंट कॉन्फ्रेंस के भी चेयरमैन हैं।

ध्रुव एम. साहनी को शतरंज से बहुत लगाव है। वे दशक से ज्यादा समय के लिए ऑल इंडिया चेस फेडरेशन के प्रेसीडेंट रह चुके हैं। शिक्षा के क्षेत्र में भी उनकी विशेष रुचि है। वे इंडियन इंस्टीट्यूट ऑफ मैनेजमेंट, लखनऊ और दिल्ली यूनिवर्सिटी के मैनेजमेंट इंस्टीट्यूट के गवर्नर रहे। ध्रुव एम. साहनी प्रतिष्ठित दून स्कूल, देहरादून के चेयनमैन भी रहे हैं।

उन्हें अनेक पुरस्कार व सम्मान मिले। ध्रुव एम. साहनी को ब्रिटेन की महारानी एलिजाबेथ द्वितीय द्वारा रॉयल विक्टोरियन ऑर्डर का मानद लेफ्टिनेंट नियुक्त किया गया। रॉयल विक्टोरियन ऑर्डर उन लोगों को दिया जाता है, जो

व्यक्तिगत तौर पर राजशाही की सेवा करते हैं। इससे पूर्व ध्रुव एम. साहनी ड्यूक ऑफ एडिनबरा कॉमनवेल्थ स्टडी कॉन्फ्रेंसेज के इंटरनेशनल लायजन समूह के अध्यक्ष रहे। ध्रुव एम. साहनी इंडो-फ्रेंच सी.ई.ओ. फोरम के सह-अध्यक्ष और ग्लोबल व्यापार थिंक टैंक एवियान समूह के उप-सभापति हैं। वे विगत में उद्योग चैंबर सी.आई.आई. के भी अध्यक्ष रहे। ध्रुव एम. साहनी को फ्रांसीसी राष्ट्रपति शिराक ने वर्ष 2005 'नाइट ऑफ द लीजन ऑनर' सम्मान प्रदान किया।

साहनी के अनुसार, कड़ी मेहनत और सही प्लानिंग सफलता के द्वार पर ले जाकर खड़ा करती है।

□

हर्ष मरीवाला

मैरिको लिमिटेड के चेयरमैन व मैनेजिंग डायरेक्टर

कामयाबी का मंत्र–

"समय के साथ बदलना और प्रोफेशनल बनना जरूरी है।"

मेरा परिवार ही मेरी सफलता का राज।

जन्म : मुंबई
शुरुआत : बॉम्बे ऑयल इंडस्ट्रीज
पुरस्कार : अनेक पुरस्कार व सम्मान
नेट वर्थ : यू.एस. डॉलर 2.2 बिलियन (2018)

हर्ष मरीवाला मैरिको लिमिटेड के चेयरमैन व मैनेजिंग डायरेक्टर हैं। उन्होंने अपनी सफलता के लिए अपने पारिवारिक व्यवसाय को ही चुना। इसके लिए हर्ष मरीवाला ने अपने पारिवारिक बिजनेस मैरिको लिमिटेड को अपनी मेहनत और परिश्रम से प्रोफेशनल कंपनी में बदलकर नई बुलंदियों तक पहुँचाया। उनकी कंपनी उपभोक्ता उत्पाद, सौंदर्य सामग्री और आयुर्वेद के क्षेत्र में सक्रिय है।

हर्ष मरीवाला अपनी सफलता का सारा श्रेय अपने परिवार को देते हैं। उनका कहना है, "मेरा परिवार ही मेरी सफलता का राज है। उन्होंने मेरी मेहनत व विचारों का हमेशा समर्थन किया और जरूरत पड़ने पर सहयोग दिया।"

हर्ष मरीवाला ने प्रारंभिक शिक्षा के बाद अपनी उच्च शिक्षा मुंबई के सिडनम कॉलेज से पूरी की। यहाँ से उन्होंने कॉमर्स में स्नातक की डिग्री ली। पढ़ाई समाप्त कर उन्होंने अपने कॅरियर की शुरुआत सन् 1971 में बॉम्बे ऑयल इंडस्ट्रीज लिमिटेड से की। चार साल में ही उन्हें कंपनी के कंज्यूमर प्रोडक्ट डिवीजन की कमान मिल गई।

उनकी कड़ी मेहनत व लगन को देखते हुए कंपनी ने उन्हें एक्जीक्यूटिव डायरेक्टर बना दिया। लेकिन हर्ष मरीवाला ने जल्दी ही इस पद से इस्तीफा दे दिया और अपने पारिवारिक बिजनेस की कमान सँभाल ली।

हर्ष मरीवाला बताते हैं कि मैंने पहले अपने आपको साबित किया और उसके बाद अपने पारिवारिक बिजनेस को सँभाला। इससे मुझे बिजनेस का अच्छा अनुभव हुआ। हर्ष मरीवाला ने अपने मैरिको लिमिटेड में सी.एम.डी. का पदभार सँभाला। बिजनेस सँभालते ही उन्होंने सबसे पहले अपने पारिवारिक बिजनेस के स्वरूप में बदलाव लाने का निर्णय लिया। नई तकनीक के साथ इसे पूरी तरह से प्रोफेशनल कंपनी बना दिया।

इसके दो ब्रांड पैराशूट और सफोला को नई ऊँचाइयों तक पहुँचाया। हर्ष मरीवाला के इस बदलाव का नतीजा जल्दी ही दिखने लगा। देखते–ही–देखते कंपनी का टर्न ओवर 50 लाख से बढ़कर 19 अरब हो गया।

पैराशूट और सफोला की कामयाबी के बाद हर्ष मरीवाला ने स्किन केयर सेगमेंट के क्षेत्र में कदम रखा। उन्होंने 'काया' की स्थापना की। वर्तमान समय में देश के 26 शहरों में इसके 81 क्लीनिक हैं।

इसके अलावा मिडिल ईस्ट और बँगलादेश में भी इनके क्लीनिक हैं। हर्ष मरीवाला बहुमुखी प्रतिभा के धनी हैं। ये कैडबरी इंडिया लिमिटेड और एम.आई.आर.सी. इलेक्ट्रॉनिक्स लिमिटेड के अलावा अन्य कई कंपनियों के बोर्ड ऑफ डायरेक्टर्स रह चुके हैं।

हर्ष मरीवाला के नेतृत्व में मैरिको कंपनी ने कई पुरस्कार जीते। इनमें प्रमुख हैं—टॉप परफॉर्मिंग ग्लोबल ग्रोथ कंपनी फ्रॉम इंडिया, नेशनल ह्यूमन डेवलपमेंट नेटवर्क ने मैरिको को बेस्ट एच.आर. प्रैक्टिसेज के लिए भी सम्मानित किया। एशिया पैसेफिक एच.आर. कॉन्फ्रेंस-1999 में भी इनोवेटिव एच.आर. प्रैक्टिसेज अवार्ड दिया गया।

□

किशोर बियाणी

इंडियन रिटेल मार्केट किंग

कामयाबी का मंत्र–

"मार्केट किंग बनने के लिए मार्केट के हर पहलू पर नजर रखना जरूरी है।"

देशी और विदेशी शैली के मेल से की शॉपिंग की नई शुरुआत।

जन्म : मुंबई, 9 अगस्त, 1961
शुरुआत : पिता के व्यवसाय से
फ्यूचर प्लान : रिटेल मार्केट का किंग बनना
पुरस्कार : अनेक पुरस्कार व सम्मान
नेट वर्थ : यू.एस. डॉलर 2.8 बिलियन (2017)

किशोर बियाणी फ्यूचर ग्रुप के सी.ई.ओ. हैं।

किशोर बियाणी का जन्म 9 अगस्त, 1961 को मुंबई में हुआ। उन्होंने 1981 में एच.आर. कॉलेज मुंबई से कॉमर्स की डिग्री हासिल की। डिग्री मिलते ही उन्होंने अपने कॅरियर की शुरुआत अपने पिता के व्यवसाय से जुड़कर की।

उनका परिवार व्यापार से जुड़ा हुआ है।

किशोर बियाणी को अपने खानदानी बिजनेस में कोई रुचि नहीं थी। जल्दी ही वे इस काम से ऊबने लगे। वे कुछ नया काम करने के बारे में सोचने लगे। उन्होंने यार्न मैन्युफैक्चरिंग यूनिट शुरू करने पर विचार किया।

किशोर बियाणी ने अपने पिता के बिजनेस से अलग होकर अपना काम करने का निश्चय कर लिया। काम शुरू करने के लिए उन्हें सात लाख रुपए की आवश्यकता थी, लेकिन उनके पास कुल दो लाख रुपए ही थे। शेष पाँच लाख रुपए उन्होंने अपने परिवार से उधार के रूप में लेकर अपना काम शुरू कर दिया।

किशोर बियाणी ने सन् 1987 में पैंटालून के ब्रांड की शुरुआत मेंस वियर के रूप में की। सन् 1991 में कंपनी को वे जनता के बीच ले गए। पब्लिक इश्यू के अगले ही साल इसका नाम 'पैंटालून फैशंस इंडिया' कर दिया गया। इसके बाद सन् 1999 में एक बार फिर इसका नाम बदल दिया गया और इसे नया नाम दिया—'पैंटालून रिटेल इंडिया'।

आरंभ में कंपनी सिर्फ ट्राउजर्स ही बनाती थी और मल्टी ब्रांड स्टोरों के जरिए ही बिक्री करती थी। किशोर बियाणी ने मुंबई में ही अपना प्लांट लगाया, लेकिन देश भर में अपने रिटेल स्टोर खोलने की पूँजी उनके पास नहीं थी। इस बीच अरविंद मिल्स ने उन्हें अपनी डेनिम की मार्केटिंग का काम सौंपा। उन्होंने इससे आए पैसे से अपनी कंपनी का विस्तार किया।

सन् 2001 में किशोर बियाणी ने बिग बाजार की शुरुआत की। जहाँ उन्होंने भारतीयों को देशी और पश्चिमी शैली का मेल करते हुए शॉपिंग का नया अनुभव दिया। उनका यह नया फॉर्मूला कारगर सिद्ध हुआ। देखते ही देखते लोगों में बिग बाजार का क्रेज बढ़ने लगा।

किशोर बियाणी द्वारा कुल मिलाकर दो लाख रुपए की जमा पूँजी के सहारे शुरू किया गया बिजनेस अब इस स्थिति में है कि उन्हें भारत के रिटेल मार्केट का किंग माना जाता है। उनका दखल सिर्फ रिटेल नहीं, बल्कि कैपिटल एंड इन्वेस्टमेंट एडवाइजरी सर्विसेज, कंज्यूमर फाइनेंस, इंश्योरेंस, ब्रांड डेवलमेंट, रिटेल मीडिया और लॉजिस्टिक्स में भी है। अब फ्यूचर ग्रुप के पास फ्यूचर रिटेल,

फ्यूचर कैपिटल, फ्यूचर ब्रांड्स और फ्यूचर मीडिया जैसी शाखाएँ हैं।

बियाणी ने बीमा और मीडिया जैसे व्यावसायिक क्षेत्रों में रुचि ली है। उन्होंने फ्यूचर कैपिटल बिजनेस जैसे फ्यूचर एग्रोवेट के साथ-साथ ईजोन इलेक्ट्रॉनिक्स रिटेलर के माध्यम से वित्तीय सेवाओं में वित्तीय हिस्सेदारी हासिल की है। बिग बाजार और खाद्य बाजार ब्रांड, जिन्हें लागत-जागरूक उपभोक्ताओं पर लक्षित किया गया है, की तुलना वॉल-मार्ट से की गई थी। बियाणी ने बॉलीवुड में भी हाथ आजमाया है।

उन्हें कई सम्मान मिल चुके हैं। सन् 2006 में 'अर्नेस्ट एंड यंग एंटरपेन्योर ऑफ द ईयर' और 'सी.एन.बी.सी. फर्स्ट जेनरेशन एंटरप्रिन्योर ऑफ द ईयर' मिला है। इसके अतिरिक्त उन्हें सन् 2007 में इंटरनेशनल 'रिटेलर ऑफ द ईयर' भी मिल चुका है।

□

करसनभाई पटेल

निरमा के संस्थापक

कामयाबी का मंत्र–

"कामयाब होना है तो कुछ अलग हटकर करना पड़ेगा।"

पसंद न आए तो पैसा वापस।

जन्म : मेहसाणा (गुजरात); 13 अप्रैल, 1944
शुरुआत : भू-गर्भ एवं खनन विभाग में लैब असिस्टेंट के रूप में
फ्यूचर प्लान : कपड़े धोने की आदतों को बदलना
पुरस्कार : अनेक पुरस्कार व सम्मान
नेट वर्थ : यू.एस. डॉलर 3.7 बिलियन (2018)

करसनभाई 'निरमा' के संस्थापक हैं। उन्होंने अकेले ही हिंदुस्तान लीवर लिमिटेड जैसी बहुराष्ट्रीय कंपनी को परास्त कर दिया। उन्होंने देश भर में साबुन की टिकिया के बजाय डिटर्जेंट पाउडर का फैशन चालू किया। हिंदुस्तान लीवर के एक शीर्ष एक्जीक्यूटिव ने करसनभाई के बारे में कहा था, "करसनभाई ने पूरे

देश की कपड़े धोने की आदतों को साबुन से डिटर्जेंट में बदल दिया।"

करसनभाई का जन्म गुजरात के मेहसाणा गाँव में एक बेहद साधारण किसान परिवार में हुआ। उन्होंने अपने कॅरियर की शुरुआत राज्य के भू-गर्भ एवं खनन विभाग में लैब असिस्टेंट की नौकरी से की। करसनभाई ने छह साल तक सरकारी दफ्तर में प्रयोगशाला तकनीशियन का काम किया। वहाँ वेतन अधिक नहीं था। जिसकी वजह से उनका मन नौकरी में नहीं लगता था। आमदनी बढ़ाने के लिए वे कुछ नया करना चाहते थे।

वे दिन में नौकरी करते और रात में घर पर डिटर्जेंट पाउडर बनाने का प्रयोग करते। सन् 1969 में करसनभाई ने अपने रिश्तेदारों और मित्रों से 1000 रुपए लेकर निरमा डिटर्जेंट पाउडर का उत्पादन आरंभ किया। करसनभाई ऑफिस से आने के बाद देर रात तक डिटर्जेंट पाउडर बनाते थे और रविवार के दिन साइकिल पर निरमा डिटर्जेंट पाउडर के पैकेट लेकर गली-गली घूमते थे। महँगी टिकिया के बजाय सस्ता वाशिंग पाउडर खरीदने के लिए प्रेरित करते। इच्छुक महिलाएँ उनके निरमा डिटर्जेंट पाउडर को पसंद करने लगीं।

करसनभाई ने डिटर्जेंट की कीमत कम रखने के लिए इसकी गुणवत्ता से कोई समझौता नहीं किया था। यह जल्दी ही लोकप्रिय हो गया। करसनभाई निरमा का पैकेट देते समय ग्राहकों से कहते थे, "पसंद न आए, तो पैसे वापस।" उनकी यह नीति लोगों को बहुत पसंद आई। शुरुआती सफलता मिलने के बाद करसनभाई ने सरकारी नौकरी छोड़ दी और सन् 1977 में अहमदाबाद के पास छोटे से स्तर से डिटर्जेंट पाउडर बनाने का काम आरंभ किया। उन्होंने अपनी बेटी निरुपमा के नाम पर अपने डिटर्जेंट पाउडर का नाम 'निरमा' रखा।

देसी तकनीक से बना यह पाउडर गुणवत्तापूर्ण तो था ही, साथ-ही-साथ इसकी कीमत भी अन्य डिटर्जेंट पाउडर से कम थी। जब निरमा वाशिंग पाउडर बाजार में आया, तब डिटर्जेंट का देसी बाजार सीमित था। बाजार पर बहुराष्ट्रीय कंपनियों का कब्जा था, इसलिए करसनभाई ने घर-घर जाकर निरमा बेचने का तरीका अपनाया। करसनभाई ने दाम और क्वालिटी से पूरे डिटर्जेंट मार्केट में तहलका मचा दिया। देसी डिटर्जेंट पाउडर का नया बाजार तैयार हो गया। बड़े-

बड़े ब्रांड फीके पड़ गए और बाजार में निरमा सबसे बड़ा उत्पादक बन गया।

करसनभाई पटेल ने अपनी सूझ-बूझ से दस साल के अंदर ही निरमा को सबसे ज्यादा बिकने वाला डिटर्जेंट पाउडर बना दिया। इस प्रकार निरमा ब्रांड कम कीमतवाले डिटर्जेंट और टॉयलेट साबुन के लिए लगभग एक पर्यायवाची नाम बन गया।

सन् 1990 के दशक से निरमा एक ऐसा उपभोक्ता ब्रांड बन गया, जो डिटर्जेंट, साबुन और व्यक्तिगत देखभाल के उत्पादों के बाजार में स्थापित हो गया था। इसमें सबसे महत्त्वपूर्ण बात थी—कम कीमत पर भी अच्छी गुणवत्ता के उत्पाद। साबुन और डिटर्जेंट बाजार में अन्य बड़े और प्रतिस्पर्धी ब्रांडों के होते हुए भी निरमा की सफलता का श्रेय इसके वितरण की पहुँच और बाजार में इसकी पैठ के कारण संभव हो सका था। आज निरमा के नेटवर्क में लगभग 400 वितरक और 2 लाख से अधिक खुदरा दुकानें शामिल हैं। इस विशाल नेटवर्क के कारण निरमा अपने उत्पादों को छोटे-छोटे गाँवों तक उपलब्ध कराने में सक्षम हो सका।

अपने आपको देश में स्थापित करने के बाद करसनभाई पटेल ने अंतरराष्ट्रीय बाजार में अपने कदम बढ़ाए और बँगलादेश में एक संयुक्त उद्यम स्थापित किया। इसके बाद उन्होंने चीन, अफ्रीका और बाकी एशियाई देशों की तरफ भी रुख किया। सन् 2007 में उन्होंने अमेरिकी कच्चे माल की कंपनी 'सीर्लेस वैली मिनरल्स इंक' का अधिग्रहण कर लिया और दुनिया के शीर्ष सोडा ऐश निर्माताओं में शामिल हो गए।

निरमा की इस अपार सफलता के पीछे करसनभाई पटेल का हाथ रहा है। देश की अर्थव्यवस्था और उद्योग में उनके योगदान के लिए उन्हें समय-समय पर विभिन्न पुरस्कारों से सम्मानित किया गया है।

वे दो बार साबुन और डिटर्जेंट के विकास परिषद् के अध्यक्ष चुने गए। गुजरात डिटर्जेंट मैन्युफैक्चरर्स एसोसिएशन के अध्यक्ष बनाए गए। नई दिल्ली के लघु इंडस्ट्रीज एसोसिएशन द्वारा उद्योग रत्न की उपाधि से विभूषित किए गए। उन्हें गुजरात के वाणिज्य और उद्योग चैंबर, अहमदाबाद, द्वारा सन् 1990 में 'उत्कृष्ट

उद्योगपति' के सम्मान से नवाजा गया। सन् 1998 में गुजरात व्यवसायी पुरस्कार से सम्मानित किए गए। रोटरी इंटरनेशनल द्वारा कॉर्पोरेट गवर्नेंस में उत्कृष्टता पुरस्कार दिया गया। वर्ष 2001 में उन्हें फ्लोरिडा अटलांटिक विश्वविद्यालय, फ्लोरिडा, संयुक्त राज्य अमेरिका द्वारा मानद डॉक्टरेट की उपाधि से सम्मानित किया गया। 2009 में, भारत के सबसे अमीर व्यक्तियों की सूची में फोर्ब्स पत्रिका द्वारा करसनभाई को 92वें स्थान पर रखा गया। पटेल को वर्ष 2010 में पद्मश्री पुरस्कार से सम्मानित किया गया। 2017 में, भारत के सबसे अमीर व्यक्तियों की सूची में फोर्ब्स पत्रिका द्वारा करसनभाई को 38वें स्थान पर रखा गया।

□

कुमार मंगलम बिड़ला

बिड़ला आदित्य ग्रुप के चेयरमैन

कामयाबी का मंत्र–

"कम समय में अधिक काम ही सफलता दिलाता है।"

कार्यक्षेत्र में विस्तार कर कामयाबी हासिल की।

जन्म : कोलकाता, 14 जून, 1967
शुरुआत : अपने पिता के बिजनेस से
फ्यूचर प्लान : आदित्य ग्रुप के कारोबार को सारी दुनिया में फैलाना
पुरस्कार : अनेक पुरस्कार व सम्मान
नेट वर्थ : डॉलर 10.3 बिलियन (2018)

कुमार मंगलम बिड़ला आदित्य बिड़ला ग्रुप के चेयरमैन हैं।

कुमार बिड़ला का जन्म 14 जून, 1967 को कोलकाता में हुआ। उन्होंने चार्टर्ड अकाउंटेंट की पढ़ाई की। इसके बाद उन्होंने लंदन बिजनेस स्कूल से एम.बी.ए. की पढ़ाई की। कुमार मंगलम बिड़ला ने अपने कॅरियर की शुरुआत

28 वर्ष की उम्र में अपने पिता के बिजनेस से की। कुमार मंगलम बिड़ला अपने पिता की मृत्यु के पश्चात् आदित्य ग्रुप के चेयरमैन बने। आदित्य ग्रुप का नेतृत्व उनके हाथों में आते ही उन्होंने इसके कार्यक्षेत्र में विस्तार करना आरंभ किया। उनके पिता ने अपने कार्यकाल में आदित्य ग्रुप में जितनी उन्नति की थी, उससे अधिक सफलता कुमार मंगलम बिड़ला ने कम समय में प्राप्त की।

कुमार मंगलम बिड़ला ने सैलुलर टेलीफोन, असेट मैनेजमेंट, बीमा कंपनी, सॉफ्टवेयर व बी.पी.ओ. के क्षेत्रों में प्रवेश किया। आदित्य बिड़ला ग्रुप में ग्रासिम, हिंडैल्को, अल्ट्राटैक सीमेंट, आदित्य बिड़ला नुवो, बिड़ला सन् लाइफ, बिड़ला एन.जी.के. तथा आइडिया सैलुलर जैसी कंपनियाँ शामिल हैं।

भारत के अलावा आदित्य बिड़ला ग्रुप का कारोबार 40 से अधिक देशों में फैला है, जिनमें प्रमुख देश हैं—थाईलैंड, इंडोनेशिया, मलेशिया, फिलीपींस, मिस्र, कनाडा, चीन, ऑस्ट्रेलिया इत्यादि।

आदित्य बिड़ला ग्रुप कंपनियों के अलावा कुमार मंगलम बिड़ला समय-समय पर विभिन्न नियामक और व्यावसायिक बोर्डों पर कई महत्त्वपूर्ण और जिम्मेदार पदों पर रहे हैं। वे सन् 2006 और 2007 में कंपनी मामलों के मंत्रालय द्वारा गठित सलाहकार समिति के अध्यक्ष रहे। प्रधानमंत्री द्वारा गठित व्यापार और उद्योग के सलाहकार समिति के सदस्य रहे। इसके अलावा उद्योग और वाणिज्य मंत्री द्वारा गठित व्यापार बोर्ड के अध्यक्ष और भारतीय रिजर्व बैंक के केंद्रीय बोर्ड ऑफ डायरेक्टर्स के सदस्य भी रहे।

कुमार मंगलम बिड़ला को अनेक सम्मान व पुरस्कार मिल चुके हैं। सन् 2005 में उन्हें अर्न्स्ट एंड यंग उद्यमी के पुरस्कार से सम्मानित किया गया। सन् 2005 में उन्हें बिजनेस टुडे द्वारा सी.ई.ओ. श्रेणी में सर्वश्रेष्ठ युवा प्रदर्शन के लिए नामांकित किया गया। सन् 2005 में पी-एच.डी. चैंबर ऑफ कॉमर्स एंड इंडस्ट्री ने उन्हें 'उद्योग रत्न' से सम्मानित किया। सन् 2004 में वर्ल्ड इकोनॉमिक फोरम (डावोस) द्वारा उन्हें 'यंग ग्लोबल लीडर्स' में से एक के रूप में चुना गया। भारतीय उद्योग जगत् में उनके अनुकरणीय योगदान के सम्मान में, बनारस हिंदू विश्वविद्यालय ने बिड़ला को सन् 2004 में डी. लिट् की डिग्री से सम्मानित

किया। सन् 2004 में ऑल इंडिया मैनेजमेंट एसोसिएशन ने उन्हें अपनी मानद फैलोशिप प्रदान की। सन् 2003 में इकोनॉमिक टाइम्स अवाड्‌र्स द्वारा 'द बिजनेस लीडर ऑफ द ईयर' का पुरस्कार दिया गया। सन् 2003 में भारत-अमेरिकी सोसाइटी द्वारा 'यंग अचीवर पुरस्कार' से सम्मानित किया। सन् 2002 में सी.एन.बी.सी./आई.एन.एस.ई.ए.डी. द्वारा प्रायोजित 'एशियाई बिजनेस लीडर पुरस्कार 2002' के लिए पहले पाँच एशियाई व्यापार नेताओं में स्थान दिया गया। सन् 2001 में उन्हें 'व्यावसायिक उत्कृष्टता और उद्योग में उनके योगदान' के लिए द जायंट्स इंटरनेशनल पुरस्कार से सम्मानित किया गया। सन् 1998 में उन्हें रोटरी क्लब के 'अवार्ड फॉर वोकेशनल एक्सीलेंस' से भी सम्मानित किया गया।

सन् 1998 में उन्हें वित्त मंत्रालय द्वारा प्रतिभूति और विनिमय बोर्ड के शासी बोर्ड (सेबी) पर एक सार्वजनिक पद के उम्मीदवार के रूप में नियुक्त किया गया। कॉर्पोरेट गवर्नेंस पर कुमार मंगलम बिड़ला की रिपोर्ट भारत में निगमित प्रशासन प्रथाओं की आधारशिला बनी।

□

कीमत राय गुप्ता

हैवेल्स इंडिया लिमिटेड

कामयाबी का मंत्र–

"छोटे बिजनेस से भी बड़ी सफलता पाने की कोशिश की जा सकती है।"

अपना काम शुरू करने के लिए टीचर की नौकरी छोड़ी।

जन्म : पंजाब प्रांत; 1937
निधन : 7 नवंबर, 2014
शुरुआत : स्कूल टीचर से
फ्यूचर प्लान : एक बड़ी इलेक्ट्रिकल्स कंपनी बनाना
पुरस्कार : अनेक पुरस्कार व सम्मान

कीमत राय गुप्ता 'हैवेल्स इंडिया लिमिटेड' के एम.डी. थे। उन्होंने गरीबी से छुटकारा पाने के लिए अपनी स्कूल की मामूली टीचर की नौकरी छोड़ दी और ऐसे काम करने का फैसला किया, जिससे उनकी गरीबी दूर हो सके। निवेश के लिए उनके पास इतने रुपए नहीं थे कि वे कोई बड़ा बिजनेस शुरू कर सकें।

कीमत राय गुप्ता ने 10 हजार रुपए से सन् 1958 में पुरानी दिल्ली के होलसेल मार्केट में इलेक्ट्रिक सामानों की एक दुकान खोली। उनकी लगन, मेहनत और समर्पण के बूते यह दुकान अच्छे से जम जाने के बाद क्यू.आर.जी. इंटरप्राइजेस नाम की कंपनी तैयार की। वह भी अच्छे से जम गई। इसके बाद 1971 में उन्होंने 7 लाख रुपए में हवेली राम गांधी से मौजूदा कंपनी 'हैवेल्स ब्रांड' नाम खरीदा। आज 'हैवेल्स इंडिया लिमिटेड' दुनिया के शीर्ष पाँच इलेक्ट्रिक ब्रांडों में से एक है। इनका मूल मंत्र था—क्वालिटी, इनोवेशन और मार्केट में अपनी मजबूत पकड़। इसी के सहारे वे धीरे-धीरे अपना काम बढ़ाते गए। क्यू. आर.जी. इंटरप्राइजेस की स्थापना का मूल उद्देश्य बिजली वितरण व उपकरण क्षेत्र में अपने पाँव जमाना था।

कीमत राय गुप्ता द्वारा रिसर्च और डेवलपमेंट पर विशेष ध्यान देने के कारण क्यू.आर.जी. ग्रुप विशेषकर हैवेल्स इंडिया लिमिटेड उपभोक्ताओं के लिए लगातार गुणवत्ता वाले उत्पाद बनाता रहा। इसी प्रयास के चलते वे लो वॉल्टेज बिजली वितरण उपकरण उद्योग के सबसे बड़े खिलाड़ी बन गए। उनकी पहचान देश के साथ-साथ अंतरराष्ट्रीय बाजार में भी होने लगी।

कीमत राय गुप्ता ने कई ट्रेड व कॉमर्शियल एसोसिएशन में विभिन्न पदों और जिम्मेदारियों का दायित्व बखूबी निभाया। वे प्रतिष्ठित ऑल इंडिया इलेक्ट्रिकल एंड ट्रेड एसोसिएशन के प्रेसीडेंट रहे।

सन् 1989 में उन्हें सेल्फ मेड इंटरप्रेन्योर अवार्ड 'उद्योग रत्न' से सम्मानित किया गया। इसके अलावा पी-एच.डी. चैंबर्स ऑफ कॉमर्स ने 2004 में उन्हें इंटरप्रेन्योरशिप अवार्ड दिया। इंस्टीट्यूट ऑफ ट्रेड एंड इंडस्ट्रियल डेवलमेंट दिल्ली ने 2005 में 'उद्योग विभूषण' से सम्मानित किया। उत्तराखंड को आर्थिक योगदान देने के लिए वर्ष 2005 में उन्हें 'उद्योग-रतन' से नवाजा गया। वर्ष 2013 का 'इंटरप्रेन्योर ऑफ द ईयर' अवार्ड दिया गया।

7 नवंबर, 2014 को 77 वर्ष की आयु में उनका निधन हो गया। □

किरण मजूमदार शॉ

बायकॉन लिमिटेड की चेयरपर्सन एंड मैनेजिंग डायरेक्टर

कामयाबी का मंत्र–

"कठोर परिश्रम, दृढ़ इच्छाशक्ति व निरंतर प्रयास सफलता की ऊँचाई तक पहुँचा देता है।"

महिलाएँ किसी भी क्षेत्र में कामयाबी हासिल कर सकती हैं।

जन्म : बेंगलुरु, 23 मार्च, 1953
शुरुआत : ट्रेनी ब्रुअर (प्रशिक्षु मदिरा निर्माण) के रूप में की
फ्यूचर प्लान : नई प्रकार की दवाइयों की खोज
पुरस्कार : अनेक पुरस्कार व सम्मान
नेट वर्थ : डॉलर 3.5 बिलियन (2018)

किरण मजूमदार शॉ 'बायकॉन लिमिटेड' की चेयरपर्सन एंड मैनेजिंग डायरेक्टर हैं। उन्हें बायकॉन क्वीन के नाम से भी जाना जाता है। कठोर परिश्रम, दृढ़ इच्छाशक्ति व निरंतर प्रयास से उन्होंने बायकॉन इंडिया को सफलता की

ऊँचाइयों तक पहुँचा दिया। इनका विश्व में जैव-प्रौद्योगिकी क्षेत्र को नया प्रारूप देने में महत्त्वपूर्ण योगदान है।

किरण मजूमदार शॉ का जन्म 23 मार्च, 1953 को बेंगलुरु (कर्नाटक) में हुआ। उन्होंने बेंगलुरु के बिशप कॉटन गर्ल्स हाई स्कूल से वर्ष 1968 में अपनी स्कूली शिक्षा पूरी की। बी.एस-सी. (जूलॉजी ऑनर्स) की डिग्री बेंगलुरु विश्वविद्यालय से वर्ष 1973 में पूरी की। इसके बाद 'मॉल्टिंग और ब्रूइंग' विषय पर बैलेरैट कॉलेज, मेलबोर्न यूनिवर्सिटी (ऑस्ट्रेलिया) से वर्ष 1975 में उच्च शिक्षा हासिल की। इस दौरान उन्होंने मेलबोर्न के ही कार्लटोन और यूनाइटेड ब्रुअरीज, ब्रुअर, बैरेट ब्रदर्स तथा बर्स्टोन में बतौर प्रशिक्षु माल्स्टर के रूप में काम किया। कुछ समय तक कोलकाता के जूपिटर ब्रुअरीज लिमिटेड में तकनीकी सलाहकार और वर्ष 1975-1977 तक बड़ौदा के स्टैंडर्ड मॉल्टिंग कॉर्पोरेशन में भी तकनीकी प्रबंधक के रूप में काम किया।

वर्ष 1998 में 45 वर्ष की उम्र में उन्होंने स्कॉटलैंड के मूल निवासी जॉन शॉ से विवाह किया, वर्तमान समय में जॉन शॉ 'बायोकॉन लिमिटेड' के उपाध्यक्ष हैं।

इस दौरान उन्हें अपनी अलग फर्म शुरू करने का विचार आया और वर्ष 1978 में बेंगलुरु के पास कोरमांगला में एक छोटे से शेड में 10 हजार रुपए की पूँजी से 'लिकर फरमेंटेशन' के लिए 'एंजाइम' बनाना शुरू किया। इनके इस प्रोजेक्ट में आयरलैंड की भागीदार कंपनी बायोकॉन केमिकल्स ने कुछ ही दिनों के बाद अपना शेयर यूनीलीवर को बेच दिया और यूनीलीवर किरण मजूमदार की नई भागीदार बन गई। लेकिन आगे यह भागीदारी किरण मजूमदार के लिए पैरों की बेड़ी बन गई। यूनीलीवर ने इन्हें कोई अन्य उत्पाद पर शोध कार्य करने की अनुमति नहीं दी। जिसके कारण 25 वर्षों तक बायोकॉन लिमिटेड 'वन प्रोडक्ट' कंपनी बनी रही। वर्ष 1998 में किरण मजूमदार का संबंध यूनीलीवर से समाप्त हो गया और यही वर्ष इनके जीवन का 'टर्निंग ईयर' भी था।

प्रारंभ में उन्हें अपनी कम उम्र, लिंग और बगैर परखे व्यापार मॉडल के कारण विश्वसनीयता संबंधी चुनौतियों का सामना करना पड़ा, पर उन्होंने तमाम चुनौतियों का सामना किया और सीमित परिस्थिति में 'बायोकॉन लिमिटेड' को

नई दिशा और प्रगति की ऊँचाइयों पर ले गईं।

स्थापना के एक वर्ष के अंदर 'बायोकॉन लिमिटेड' एंजाइमों का विनिर्माण करनेवाली और संयुक्त राज्य अमेरिका तथा यूरोप को उनका निर्यात करनेवाली भारत की पहली कंपनी बन गई। वर्ष 1989 में 'बायोकॉन लिमिटेड' भारत की पहली जैव-प्रौद्योगिकी कंपनी बनी, जिसे ट्रेडमार्क युक्त प्रौद्योगिकियों के लिए अमेरिका से धन प्राप्त हुआ। वर्ष 1990 में उन्होंने 'बायोकॉन लिमिटेड' के उन्नत आंतरिक अनुसंधान कार्यक्रम को ट्रेडमार्क युक्त सांद्र अध:स्तर खमीरण प्रौद्योगिकी पर आधारित बनाया। वर्ष 1997 में उन्होंने मानव स्वास्थ्य के क्षेत्र में पहल की।

वर्ष 1998 में जब यूनीलीवर अपनी हिस्सेदारी 'बायोकॉन लिमिटेड' में बेचने को तैयार हुआ तो यह एक स्वतंत्र संस्था बन गई। दो साल बाद इसका ट्रेडमार्क युक्त सांद्र मैट्रिक्स खमीरण पर आधारित बायो-रिएक्टर बना, जिसका नामकरण 'प्लैफरेक्टर टीएम' किया गया। किरण मजूमदार शॉ ने कंपनी को विशेष दवाइयों के उत्पादन के लिए पहला पूरी तरह से स्वचालित जलमग्न खमीरण संयंत्र बनाया। वर्ष 2003 तक 'बायोकॉन लिमिटेड' मानव इंसुनिल विकसित करनेवाली दुनिया की पहली कंपनी बन गई।

वर्ष 2004 में उन्होंने पूँजी बाजार तक पहुँचने के लिए 'बायोकॉन लिमिटेड' के शोध कार्यक्रमों को विकसित करने का फैसला किया। बायोकॉन का आई.पी.ओ. 32 बार ओवर सब्सक्राइब हुआ और पहले दिन 1.11 बिलियन डॉलर के बाजार मूल्य के साथ बंद हुआ, सूचीबद्ध होने के पहले ही दिन 'बायोकॉन लिमिटेड' 1 बिलियन डॉलर के निशान को पार करनेवाली भारत की दूसरी कंपनी बन गई।

समाज के गरीब और कमजोर वर्गों को लाभ पहुँचाने के लिए वर्ष 2004 में उन्होंने स्वास्थ्य, शिक्षा, स्वच्छता और पर्यावरण कार्यक्रम संचालित करने के लिए 'बायोकॉन फाउंडेशन' की स्थापना की। वर्ष 2007 में बेंगलुरु में 1,400 बिस्तरों वाले कैंसर देखभाल केंद्र की स्थापना की। यह मजूमदार शॉ कैंसर सेंटर के नाम से जाना जाता है।

वर्तमान समय में वे भारत की अमीर महिलाओं में गिनी जाती हैं। किरण मजूमदार शॉ को कई राष्ट्रीय व अंतरराष्ट्रीय पुरस्कार मिले हैं। अपने अग्रणी कार्यों के लिए इन्हें भारत सरकार के प्रतिष्ठित पद्मश्री (1989) और पद्म भूषण (2005) पुरस्कार से सम्मानित किया गया। साइंस और केमिस्ट्री में खास योगदान के लिए फिलाडेल्फिया (अमेरिका) में 'ओथमेर स्वर्ण पदक-2014'। वे विश्व की तीसरी और पहली भारतीय महिला हैं, जिन्हें 'ओथमेर स्वर्ण पदक' मिला। फोर्ब्स पत्रिका ने उन्हें वर्ष 2014 में दुनिया की सबसे शक्तिशाली महिलाओं में 92वें स्थान पर रखा। वर्ष 2007-08 में अमेरिका के एक प्रमुख व्यापार प्रकाशन 'मेड एड न्यूज' ने बायोकॉन को दुनिया भर की जैव-प्रौद्योगिकी कंपनियों में 20वाँ और दुनिया के सबसे बड़े नियोक्ताओं में 7वाँ स्थान दिया। 'टाइम पत्रिका' के दुनिया के 100 सबसे प्रभावशाली लोगों की सूची में इनका नाम शामिल किया गया तथा ये दुनिया की 100 सबसे शक्तिशाली महिलाओं की फोर्ब्स की सूची और फाइनेंशियल टाइम्स के कारोबार में शीर्ष 50 महिलाओं की सूची में भी शामिल हैं। वर्ष 2004 में जैव-प्रौद्योगिकी में इनके योगदानों के लिए इनकी मातृ संस्थान बैलेरैट यूनिवर्सिटी ने उन्हें विज्ञान की मानद डॉक्टरेट उपाधि प्रदान की। इसके अलावा यू.के. की डंडी यूनिवर्सिटी ने वर्ष 2007, यू.के. की ग्लासगो यूनिवर्सिटी ने वर्ष 2008 और यू.के. के एडिनबर्ग की हेरिएट-वाट यूनिवर्सिटी ने वर्ष 2008 में उन्हें मानद डॉक्टरेट की उपाधि से सम्मानित किया। वे भारत सरकार की नेशनल इनोवेशन कौंसिल की सदस्य और बेंगलुरु के इंडियन इंस्टीट्यूट ऑफ मैनेजमेंट की प्रशासक मंडल की सदस्य रहीं और कर्नाटक में आयरिश दूतावास की मानद वाणिज्य दूत भी।

□

करन बिलिमोरिया

कोबरा बियर के चेयरमैन

कामयाबी का मंत्र–

"नया प्रयोग सफलता की ओर ले जाता है।"

अपने दादा के व्यवसाय से प्रेरणा ली और सफलता हासिल की।

जन्म : हैदराबाद, 26 नवंबर, 1961
शुरुआत : पोलो स्टिक बेचने से
पुरस्कार : अनेक पुरस्कार व सम्मान

कोबरा बियर के संस्थापक अनिवासी भारतीय उद्योगपति करन बिलिमोरिया, ब्रिटेन के जाने-माने उद्योगपतियों में से एक हैं। महज 27 साल की उम्र में व्यवसाय में कदम रखनेवाले करन ने कड़ी मेहनत और लगन से बियर उद्योग में अपना नाम स्थापित किया। उनकी 'कोबरा' बियर ब्रिटेन के साथ-साथ विश्व के अन्य देशों में भी बहुत मशहूर है। अपने अथक परिश्रम से करन ने बहुत बड़ा

मकाम हासिल किया और ब्रिटेन के 'हाउस ऑफ लॉर्ड्स' के सदस्य बननेवाले पहले पारसी हैं। अपने कारोबार के साथ-साथ करन कई सामाजिक संस्थानों और संगठनों की भी मदद करते हैं।

करन बिलिमोरिया का जन्म 26 नवंबर, 1961 को हैदराबाद में हुआ। उस्मानिया यूनिवर्सिटी से कॉमर्स में ग्रैजुएशन करने के बाद वे चार्टर्ड अकाउंटेंट बन गए। इस बीच उन्होंने यूनिवर्सिटी ऑफ कैंब्रिज के सिडनी ससेक्स कॉलेज से कानून में ग्रैजुएट की डिग्री ली।

करन बिलिमोरिया ने बचपन से ही अपना बिजनेस करने का निश्चय कर लिया था। आरंभ में वे भारत में बननेवाली पोलो स्टिक ब्रिटेन में बेचते थे। '80 के दशक में एक दिन उन्होंने ऐसी बियर बनाने की सोची, जिसमें परंपरागत बियर की बजाय कम झाग आता हो। उनका मानना था कि इस तरह की बियर उन भारतीय लोगों को अधिक पसंद आएगी, जिन्हें स्ट्रॉन्ग बियर अधिक पसंद है। उन्हें लगा कि भारतीय खाने के साथ कम झागवाली बियर होनी चाहिए। इसी समय इंग्लैंड आर्थिक मंदी के दौर से गुजर रहा था। ऐसे हालात में एक नए उत्पाद को बाजार में स्थापित करना एक बड़ी चुनौती थी। पर इसी दौर में उनके हक में एक अनुकूल बात ये हुई कि भारतीय करी ब्रिटेन में तेजी से प्रसिद्ध हो रही थी। इसी मौके का फायदा उठाकर करन ने 'कोबरा' को यह कहकर प्रमोट किया कि यह बियर भारतीय खाने के साथ पीने के लिए सर्वोत्तम है। धीरे-धीरे कोबरा भारतीय रेस्टोरेंट्स में प्रसिद्ध होने लगी और इसकी माँग बढ़ने लगी। वर्ष 2001 आते-आते करन ने चार्ल्स वेल्स ब्रेवरी के साथ मिलकर कोबरा बियर इंग्लैंड में ही बनाना शुरू कर दिया और कंपनी का कारोबार लगभग 1.3 करोड़ पाउंड हो गया। सन् 2007 तक कोबरा बियर लगभग 45 देशों में बिकने लगी थी और साल 2010 तक इसका व्यवसाय लगभग 10 करोड़ पाउंड पहुँच गया।

करन बिलिमोरिया ने 27 साल की उम्र में अपने पार्टनर अर्जुन रेड्डी के साथ मिलकर 'कोबरा बियर' की स्थापना की। उस समय उन पर 15 लाख का कर्ज था और बियर बनाने का कोई खास अनुभव भी नहीं था। इसके बावजूद उन्होंने बियर बनाने का काम शुरू कर दिया। मार्केटिंग का जिम्मा भी उन्होंने

खुद सँभाला। कोबरा बियर की मार्केटिंग के लिए वे स्वयं सैंपल लेकर देश के विभिन्न पब, बार और रेस्तराँ में गए। इसके बाद उन्होंने चार्ल्स वेल्स ब्रुअरी के लाइसेंस के तहत खुद बियर बनाने का फैसला किया। उनकी दृढ़ इच्छाशक्ति, ऊँचे इरादों व कड़ी मेहनत की बदौलत कोबरा बियर को बियर मार्केट में सेंध लगाने में सफलता मिल गई। इसके बाद उन्होंने पीछे मुड़कर नहीं देखा।

उन्हें कई पुरस्कार व सम्मान मिले हैं। करन बिलिमोरिया लूमबा ट्रस्ट के एडवाइजरी बोर्ड के चेयरमैन व मेमोरियल गेट्स कमेटी के चेयरमैन रहे। सन् 2002 में एशियन ऑफ द ईयर। सन् 2003 में अर्न्स्ट एंड यंग द्वारा 'लंदन इंटरप्रेन्योर ऑफ द ईयर' बने। सन् 2003 से 2008 तक एशियन बिजनेस एसोसिएशन के उपाध्यक्ष रहे। सन् 2004 में 'कमांडर ऑफ द ऑर्डर ऑफ द ब्रिटिश एंपायर' से सम्मानित। सन् 2004 में लंदन चैंबर्स ऑफ कॉमर्स एंड इंडस्ट्री द्वारा 'बिजनेस पर्सन ऑफ द ईयर'। सन् 2005 में इंस्टीट्यूट ऑफ चार्टर्ड एकाउंटेंट्स ऑफ इंग्लैंड एंड वेल्स द्वारा 'आउटस्टैंडिंग अचीवमेंट' पुरस्कार। सन् 2005 में एन.आर.आई. इंस्टीट्यूट द्वारा 'इंडो-ब्रिटिश पार्टनरशिप' पुरस्कार। सन् 2005 : बर्मिंघम बिजनेस स्कूल के सलाहकार परिषद् के सदस्य। सन् 2005 में ब्रुनेल, हरिएत-वाट और स्टैफोर्डशायर विश्वविद्यालय द्वारा आनरेरी डॉक्टरेट। सन् 2006 : ब्रिटिश कार्डियक रिसर्च ट्रस्ट के ट्रस्टी सन् 2007 से 2009 तक यूके-इंडिया बिजनेस कौंसिल के संस्थापक अध्यक्ष। सन् 2008 से 2010 तक लंदन चैंबर्स ऑफ कॉमर्स एंड इंडस्ट्री के उपाध्यक्ष। सन् 2009 से 2012 तक कैंब्रिज विश्वविद्यालय के 'इंडिया पार्टनरशिप एडवाइजरी बोर्ड' के अध्यक्ष। सन् 2010 में भारतीय प्रधानमंत्री के 'ग्लोबल एडवाइजरी कौंसिल' के संस्थापक सदस्य। सन् 2011-2013 हाउस ऑफ लॉर्ड्स के इकोनॉमिक अफेयर्स समिति के सदस्य। सन् 2014 में बर्मिंघम विश्वविद्यालय के चांसलर नियुक्त। सन् 2017-18 अकादमिक वर्ष के लिए ऑक्सफोर्ड के केलॉग कॉलेज के बन्नम ट्यूडर फेलो के रूप में सेवा।

□

लक्ष्मी मित्तल

आर्सेलर मित्तल के चेयरमैन और सी.ई.ओ.

कामयाबी का मंत्र–

"दूसरों की गलतियों से सबक लेने पर इसका लाभ सफलता के रूप में मिलता है।"

बीमार स्टील कंपनी को बदलकर रख दिया।

जन्म : शादूलपुर, चुरू (राजस्थान), 15 जून, 1950
शुरुआत : पारिवारिक कारोबार से
फ्यूचर प्लान : सभी देशों में अपना कारोबार फैलाना
पुरस्कार : अनेक पुरस्कार व सम्मान
रेजीडेंस : लंदन (यू.के.)
नेट वर्थ : यू.एस. डॉलर 18 बिलियन (2018)

लक्ष्मी मित्तल भारतीय उद्योगपति और दुनिया की सबसे बड़ी स्टील उत्पादक कंपनी आर्सेलर मित्तल के सी.ई.ओ. और चेयरमैन हैं। हालाँकि वे

यूनाइटेड किंगडम में रहते हैं, पर उन्होंने भारत की नागरिकता नहीं छोड़ी है। वे भारत के साथ-साथ दुनिया के सबसे अमीर व्यक्तियों में से एक हैं। पेशेवर इंग्लिश फुटबाल क्लब 'क्वींस पार्क रेंजर्स फुटबाल क्लब' में उनकी 33 प्रतिशत हिस्सेदारी है। सन् 2007 में उन्हें यूरोप का सबसे अमीर हिंदू और एशियन माना गया। सन् 2002 में ब्रिटेन के आठवें नंबर के सबसे अमीर व्यक्ति होने के बावजूद वे ब्रिटिश नागरिक नहीं हैं। सन् 2011 में फोर्ब्स ने उन्हें विश्व का छठा सबसे अमीर व्यक्ति माना था, पर मार्च 2015 में वे बहुत नीचे गिरकर 82वें नंबर पर आ गए। आज वे दुनिया के 63वें नंबर के अरबपति (फोर्ब्स सूची, अप्रैल 2018) हैं।

लक्ष्मी निवास मित्तल का जन्म 15 जून, 1950 को राजस्थान के चुरू जिले के शादूलपुर में हुआ। लक्ष्मी संयुक्त परिवार में पैदा हुए और बाद में उनका परिवार कोलकाता चला गया। सन् 1957 से 1964 तक उन्होंने श्री दौलतराम नोपानी विद्यालय से शिक्षा ग्रहण की। कोलकाता के सेंट जेवियर्स कॉलेज (कोलकाता विश्वविद्यालय से संबद्ध) से बिजनेस एंड अकाउंटिंग में ग्रैजुएशन की। उनके पिता मोहन लाल मित्तल का इस्पात का व्यवसाय था—निप्पन डेनरो इस्पात।

लक्ष्मी मित्तल ने भी अपने कॅरियर की शुरुआत अपने पारिवारिक कारोबार से की। लेकिन उनके सपने बड़े थे। वे बड़े स्तर पर बिजनेस करना चाहते थे। अपनी एक अलग पहचान बनाना चाहते थे। लक्ष्मी मित्तल के लक्ष्य निश्चित थे। सन् 1976 में देश के बाहर अपनी शाखा खोलने के लिए लक्ष्मी मित्तल इंडोनेशिया चले गए। वहाँ उन्होंने एक पुरानी स्टील कंपनी को खरीदकर अपना पहला अंतरराष्ट्रीय स्टील कारोबार शुरू किया। वे नई स्टील मिल स्थापित करने के बजाय पुरानी बीमार, घाटे में चलने वाली स्टील मिलों को खरीदना पसंद करते थे। उनका मानना था कि नई मिल बनाने में पैसा अधिक लगता है और समय भी।

लक्ष्मी मित्तल ने अपना सारा ध्यान इस बात पर केंद्रित रखा कि वे बीमार स्टील मिलों को खरीदें और उनका कायापलट करके उन्हें लाभदायक स्थिति में पहुँचा दें। वे स्टील मिलों के घाटे में चलने का कारण मालूम करते और उन्हें

अपनी मेहनत, लगन व बुद्धि से दूर करके उस स्टील मिल को कुछ ही वर्षों में लाभ पहुँचाने वाली मिल में बदल देते थे।

लक्ष्मी मित्तल एक सुनियोजित रणनीति पर काम करते हैं। सबसे पहले वे उत्पादन की लागत कम करते हैं, कर्मचारियों की संख्या घटाते हैं और आधुनिक मशीनों का प्रयोग करते हैं। उन्होंने सन् 1976 में एल.एल.एस. ग्रुप की स्थापना की और अपने कारोबार को इंडोनेशिया, त्रिनिदाद व टोबैको आदि 14 देशों में फैलाया है। इसके बाद धीरे-धीरे वे स्टील किंग बन गए।

नवंबर 2003 में उन्होंने प्रतिभावान भारतीय खिलाड़ियों की आर्थिक मदद और प्रोत्साहन के लिए 'मित्तल चैंपियंस ट्रस्ट' की स्थापना की। सन् 2008 में जब अभिनव बिंद्रा ने भारत के लिए ओलंपिक्स में स्वर्ण पदक जीता, तब इस ट्रस्ट ने 1.5 करोड़ रुपए पुरस्कार के रूप में दिए।

सन् 2003 में लक्ष्मी निवास मित्तल और उषा मित्तल फाउंडेशन ने राजस्थान सरकार के साथ मिलकर जयपुर में 'एल.एन.एम. इंस्टीट्यूट ऑफ इनफार्मेशन टेक्नोलॉजी' की स्थापना की। यह एक स्वायत्त और लाभ-निरपेक्ष संस्थान है। सन् 2008 में मित्तल ने लंदन स्थित 'ग्रेट ओरमोंड स्ट्रीट हॉस्पिटल' को लगभग डेढ़ करोड़ ब्रिटिश पौंड का चंदा दिया। इस चंदे से अस्पताल में एक नए स्वास्थ्य सुविधा केंद्र की स्थापना हुई—मित्तल चिल्ड्रंस मेडिकल सेंटर।

मित्तल परिवार की प्रोफेशनल इंग्लिश फुटबॉल क्लब 'क्वींस पार्क रेंजर्स एफ.सी.' में 33 प्रतिशत हिस्सेदारी है।

लक्ष्मी मित्तल का वर्तमान निवास लंदन स्थित 18-19 केनिंग्सटन पैलेस गार्डंस है। यह संपत्ति उन्होंने फार्मूला वन के मालिक बर्नी एक्लेस्टोन से सन् 2004 में लगभग 12 करोड़ 80 लाख अमेरिकी डॉलर में खरीदी। अपने समय में यह दुनिया का सबसे महँगा मकान था। इस घर को सजाने में उसी खदान के संगमरमर का प्रयोग हुआ है, जहाँ से ताज महल बनाने के लिए संगमरमर लाया गया था।

सन् 2008 में उन्होंने अपनी पुत्री वनीशा के विवाह में लंदन स्थित एक मकान उपहार में दिया, जिसकी कीमत लगभग 7 करोड़ ब्रिटिश पौंड (लगभग

साढ़े छह सौ करोड़) थी। सन् 2005 में उन्होंने नई दिल्ली स्थित ए.पी.जे. अब्दुल कलाम मार्ग पर एक संपत्ति खरीदी, जिसकी कीमत 3 करोड़ अमरीकी डॉलर थी।

वे गोल्डमैन सैक्स के 'बोर्ड ऑफ डायरेक्टर्स' के सदस्य रहे। 'विश्व स्टील संगठन' की कार्यकारी समिति, भारतीय प्रधानमंत्री के 'वैश्विक सलाहकार समिति', कजाकिस्तान की 'फॉरेन इन्वेस्टमेंट कौंसिल', 'वर्ल्ड इकोनॉमिक फोरम' की अंतरराष्ट्रीय व्यापार समिति और मोजांबिक के राष्ट्रपति के अंतरराष्ट्रीय सलाहकार बोर्ड के सदस्य रहे। वे अमेरिका स्थित केल्लोग्स स्कूल ऑफ मैनेजमेंट के सलाहकार बोर्ड और 'क्लीवलैंड क्लिनिक' के 'बोर्ड ऑफ ट्रस्टीज' के सदस्य रहे। सन् 2006 में 'द संडे टाइम्स' ने उन्हें 'बिजनेस पर्सन ऑफ 2006', 'द फाइनेंसियल टाइम्स' ने 'पर्सन ऑफ द ईयर' और 'टाइम' पत्रिका ने 'इंटरनेशनल न्यूजमेकर ऑफ द ईयर 2006' का सम्मान दिया। सन् 2007 में 'टाइम' पत्रिका ने उन्हें 'दुनिया के 100 सबसे प्रभावशाली व्यक्तियों' की सूची में रखा। भारत सरकार द्वारा सन् 2007 में उन्हें पद्म भूषण द्वारा सम्मानित किया गया।

□

मुकेश अंबानी

चेयरमैन, मैनेजिंग डायरेक्टर रिलायंस इंडस्ट्रीज

कामयाबी का मंत्र–

"एक नहीं कई दिशा में सोचें, लेकिन सकारात्मक सोचें।"

सफलता के लिए सकारात्मक विचार जरूरी।

जन्म : यमन, अदन, 19 अप्रैल, 1957
शुरुआत : पारिवारिक कारोबार से
फ्यूचर प्लान : विश्व की बड़ी कंपनी बनाना
पुरस्कार : अनेक पुरस्कार व सम्मान
नेट वर्थ : यू.एस. डॉलर 42.4 बिलियन (2018)

मुकेश अंबानी एक भारतीय उद्योगपति और रिलायंस इंडस्ट्रीज के अध्यक्ष तथा प्रबंध निदेशक हैं। अकूत निजी संपत्ति के मालिक, मुकेश भारत के सबसे अमीर व्यक्तियों की सूची में शामिल हैं। इसके साथ-साथ वे दुनिया के सबसे धनी व्यक्तियों की फोर्ब्स, अप्रैल 2018 की सूची में 17वें नंबर पर हैं। रिलायंस

इंडस्ट्रीज भारत में निजी क्षेत्र की सबसे बड़ी तथा फोर्च्यून 500 कंपनी है। वे दुनिया की सबसे महँगी जायदाद मुंबई स्थित 'एनटीलिया' में रहते हैं।

मुकेश अंबानी का जन्म 19 अप्रैल, 1957 को यमन स्थित अदन शहर में धीरूभाई अंबानी और कोकिलाबेन अंबानी के घर हुआ। उस समय उनके पिता अदन में काम करते थे। मुकेश अंबानी के छोटे भाई अनिल अंबानी हैं और उनकी दो बहनें हैं—दीप्ती सालगाँवकर और नीना कोठारी। 1970 के दशक तक मुकेश अंबानी का परिवार मुंबई के भुलेश्वर में दो कमरों के मकान में रहता था, पर उसके बाद धीरूभाई ने मुंबई के कोलाबा क्षेत्र में एक 14 मंजिल ईमारत (सी विंड) खरीद ली, जहाँ मुकेश और अंबानी परिवार के अन्य सदस्य कई सालों तक रहे।

मुकेश की प्रारंभिक शिक्षा मुंबई के पेडर रोड स्थित 'हिल ग्रांज हाई स्कूल' में हुई। यहाँ मुकेश के करीबी मित्र आनंद जैन उनके सहपाठी थे और इसी स्कूल में उनके छोटे भाई अनिल अंबानी भी पढ़ते थे। मुकेश अंबानी ने 'इंस्टीट्यूट ऑफ केमिकल टेक्नोलॉजी, माटुंगा' से केमिकल इंजीनियरिंग में बैचलर डिग्री ग्रहण की। इसके पश्चात् एम.बी.ए. करने के लिए स्टेनफोर्ड विश्वविद्यालय में दाखिला लिया, लेकिन सन् 1980 में पी.एफ.वाई. (पॉलिएस्टर फिलामेंट यार्न) कारखाने के निर्माण के लिए धीरूभाई अंबानी ने मुकेश को एम.बी.ए. की पढ़ाई के बीच में ही बुला लिया। मुकेश अपनी पढ़ाई छोड़ भारत आ गए और कारखाने के निर्माण में जुट गए।

मुकेश अंबानी के नेतृत्व में ही रिलायंस ने भारत की सबसे बड़ी दूरसंचार कंपनियों में से एक 'रिलायंस इन्फोकॉम लिमिटेड' (अब रिलायंस कम्युनिकेशन लिमिटेड) की स्थापना की।

मुकेश ने जामनगर (गुजरात) में बुनियादी स्तर की विश्व की सबसे बड़ी पेट्रोलियम रिफायनरी की स्थापना करने में महत्त्वपूर्ण भूमिका निभाई। सन् 2010 में इस रिफायनरी की क्षमता 6,60,000 बैरल प्रतिदिन थी, यानी 3 करोड़ 30 लाख टन प्रति वर्ष। लगभग 10,0000 करोड़ रुपयों के निवेश से बनी इस रिफायनरी में पेट्रोकेमिकल, पावर जेनरेशन, पोर्ट तथा संबंधित आधारभूत ढाँचा

है।

'रिलायंस जिओ' के माध्यम से रिलायंस इंडस्ट्रीज ने एक बार फिर दूरसंचार के क्षेत्र में कदम रखा और संचार के क्षेत्र में बड़ी क्रांति छेड़ दी।

रिलायंस ने रिटेल बिजनेस के साथ सब्जी, डेयरी, रिलायंस आउटलेट, डिलाइट स्टोर्स, रिलायंस ड्रेस व फुट वेयर स्टोर्स भी आरंभ किए हैं। 'रिलायंस फ्रेश' के नाम से देश भर में रिटेल स्टोर चेन के अलावा हरियाणा सरकार के साथ मिलकर 'सेज' में करोड़ों का निवेश किया है। मुकेश अंबानी कारोबार की संभावना को पहले ही भाँप लेते हैं। जामनगर में विश्व की सबसे बड़ी पेट्रोलियम रिफाइनरी मुकेश अंबानी ने ही शुरू की। यही नहीं, रिलायंस रिटेल के क्षेत्र में रिलायंस फ्रेश के नाम से अपनी जोरदार उपस्थिति दर्ज कराई।

मुकेश अंबानी समय की बचत और उसके इस्तेमाल पर भी ध्यान देते हैं। देश में पहली बार वीडियो कॉन्फ्रेंसिंग की शुरुआत रिलायंस ने ही की। इसके अलावा पाताल गंगा प्लांट पर जाने के लिए हेलीकॉप्टर की सुविधा उपलब्ध कराई। उस वक्त लोगों ने इसे शोर करना बताया, पर मुकेश इससे समय की बचत करना चाहते थे। उनके अनुसार, समय सबसे बड़ा धन है। सकारात्मक विचारों के लिए पहचाने जानेवाले मुकेश अंबानी अकसर भारतीय प्रबंध संस्थाओं में युवाओं को अपने विचार रखकर उन्हें प्रेरित करते हैं।

मुकेश अंबानी युवा शक्ति को देश के विकास और राष्ट्र की शक्ति मानते हैं। उनके अनुसार तेजी से बूढ़ी हो रही पीढ़ी को सँभालने के लिए युवाओं का आगे आना बहुत जरूरी है। मुकेश अंबानी राजनीति से हमेशा दूर रहते हैं। उनके कई राजनीतिज्ञों से अच्छे संबंध हैं, पर किसी भी पार्टी की ओर उनका झुकाव नहीं है। मुकेश अंबानी मीडिया प्रेमी भी नहीं हैं, पर कंपनी द्वारा की गई बड़ी उपलब्धियों के बारे में मीडिया को बताना नहीं भूलते।

मुकेश की रिलायंस इंडस्ट्रीज का कारोबार रिफाइनिंग, पेट्रोकेमिकल, तेल, गैस और रिटेल जैसे क्षेत्रों में फैला हुआ है। उद्योग-धंधों के साथ-साथ वे इंडियन प्रीमियर लीग (आई.पी.एल.) के अंतर्गत आनेवाली क्रिकेट टीम मुंबई इंडियंस ट्वेंटी-ट्वेंटी टीम के भी मालिक हैं। अपनी कंपनी के अलावा मुकेश अंबानी

अलग-अलग समय पर विभिन्न समितियों के सदस्य, अध्यक्ष तथा प्रतिष्ठित कंपनियों के बोर्ड पर भी रहे हैं। वे भारत के प्रतिष्ठित प्रबंधन संस्थान 'इंडियन इंस्टीट्यूट ऑफ मैनेजमेंट बैंगलोर' के बोर्ड के अध्यक्ष भी रह चुके हैं।

मुकेश अंबानी द्वारा किए गए उल्लेखनीय कार्यों के लिए अनेक पुरस्कार व सम्मान प्रदान किए गए हैं। एन.डी.टी.वी. द्वारा साल 2007 का 'बिजनेसमैन ऑफ द ईयर' पुरस्कार। यूनाईटेड स्टेट्स-इंडिया बिजनेस कौंसिल द्वारा 2007 में 'ग्लोबल विजन' लीडरशिप अवार्ड। अक्तूबर 2004 में वर्ल्ड कम्युनिकेशन अवार्ड दिया। फोर्च्यून पत्रिका के अगस्त 2004 के अंक में सबसे शक्तिशाली कारोबारियों की एशिया पॉवर-25 सूची में 13वाँ स्थान। मई 2004 में एशिया सोसाइटी लीडरशिप अवार्ड प्रदान। जून 2007 में भारत के पहले ट्रिलेनियर चुने गए। गुजरात के तत्कालीन मुख्यमंत्री नरेंद्र मोदी द्वारा 'चित्रलेखा पर्सन ऑफ द ईयर-2007' पुरस्कार। 2000 में अर्न्स्ट एंड यंग उद्यमी ऑफ द ईयर अवार्ड। 2010 में पेंसिल्वेनिया विश्वविद्यालय का स्कूल ऑफ इंजीनियरिंग एंड एप्लाइड साइंस डीन मेडल। 2010 में एम.एस. विश्वविद्यालय, बड़ौदा द्वारा मानद डॉक्टरेट (डॉक्टर ऑफ साइंस)। 2016 में केमिकल हेरिटेज फाउंडेशन द्वारा ओथमेर गोल्ड मेडल।

□

एम.एस. ओबेरॉय

ओबेरॉय ग्रुप के संस्थापक

कामयाबी का मंत्र–

"किसी काम को बहुत जल्दी जान लेना कामयाबी की सीढ़ी है।"

समझने व सीखने की क्षमता का होना जरूरी।

जन्म : अविभाजित पंजाब, 15 अगस्त, 1898
निधन : 3 मई, 2002
शुरुआत : सेसिल होटल में फ्रंट डेस्क क्लर्क
फ्यूचर प्लान : होटल चेन को पूरे विश्व में फैलाना
पुरस्कार : अनेक पुरस्कार व सम्मान

मोहन सिंह भंडारी ओबेरॉय ओबेरॉय ग्रुप के संस्थापक थे। ओबेरॉय ग्रुप 7 देशों में स्थित 37 लक्जरी और फर्स्ट क्लास इंटरनेशनल होटल का प्रबंधन देख रहे हैं। एम.एस. ओबेरॉय का जन्म अविभाजित पंजाब में 15 अगस्त, 1898 को हुआ, जो वर्तमान में पाकिस्तान का हिस्सा है। उनकी स्कूली शिक्षा रावलपिंडी

में हुई। उन्होंने स्नातक की पढ़ाई लाहौर से की। सन् 1922 में प्लेग की महामारी से बचने के लिए वे शिमला आ गए।

एम.एस. ओबेरॉय ने अपने कॅरियर की शुरुआत शिमला में सिसिल होटल में फ्रंट डेस्क क्लर्क की नौकरी से की। एम.एस. ओबेरॉय में किसी भी काम को सीखने की ललक बहुत ज्यादा थी। वे किसी भी काम को बहुत जल्दी समझ व सीख लेते थे। इसी कारण उन्होंने अपनी मूल जिम्मेदारी के साथ-साथ कई और जिम्मेदारियाँ भी ले ली थीं।

बहुत कम लोगों को पता होगा कि विश्व में सर्वाधिक होटल और रिजोर्ट चलाने वाले प्रतिष्ठित औद्योगिक घराने ओबेरॉय ग्रुप के संस्थापक चेयरमैन राय बहादुर मोहन सिंह ओबेरॉय ने अपना कॅरियर महज 50 रुपए मासिक तनख्वाह से शुरू किया था। कॉलेज की पढ़ाई छोड़कर ओबेरॉय पाकिस्तान के भाऊन कस्बे से नंगे पाँव रोजगार की तलाश में शिमला पहुँचे।

मोहन सिंह ओबेरॉय सिसिल होटल में मैनेजर, क्लर्क, स्टोरकीपर सभी कार्यभार खुद ही सँभाल लेते थे और अपने प्रयत्नों और कड़ी मेहनत से उन्होंने ब्रिटिश हुक्मरानों का दिल जीत लिया था। जब ब्रिटिश मैनेजर इरनेस्ट क्लार्क छह महीने की छुट्टी पर लंदन गए तो वे सिसिल होटल का कार्यभार मोहन सिंह ओबेरॉय को सौंप गए। मोहन सिंह ने इस दौरान होटल के औकुपैंसी को दोगुना कर दिया। वे और उनकी पत्नी ईसार देवी होटल के लिए मीट और सब्जियाँ खुद खरीदने जाते थे। उन्होंने इस बिल में 50 फीसदी की कमी ला दी।

मोहन सिंह ओबेरॉय के स्टेनोग्राफी के ज्ञान के कारण उन्हें कैशियर और स्टेनोग्राफर दोनों का पद भार दे दिया गया। जब सिसिल होटल के मैनेजर क्लार्क ने महज 25,000 रुपए में उन्हें होटल बेचने का प्रस्ताव रखा तो उन्होंने राशि का प्रबंध करने के लिए कुछ वक्त माँगा। उन्होंने राशि जुटाने के लिए अपनी पैतृक संपत्ति तथा पत्नी के जेवरात तक गिरवी रख दिए थे तथा उन्होंने पाँच साल की अवधि में सारी राशि होटल मालिक को लौटा दी।

बाद में एम.एस. ओबेरॉय ने सिसिल होटल की नौकरी छोड़कर क्लार्क्स होटल में नौकरी प्राप्त कर ली। यहाँ उन्होंने होटल संचालन के सभी पक्षों का

अनुभव लिया। नौकरी के दौरान ही उन्हें अपना होटल खोलने का विचार आया। सन् 1934 में एम.एस. ओबेरॉय ने क्लार्क्स होटल खरीदने का फैसला किया। इसके बाद सन् 1938 में कोलकाता के ग्रैंड होटल का संचालन अपने हाथ में ले लिया।

सन् 1943 में उन्हें एसोसिएटेड होटल्स ऑफ इंडिया के प्रबंधन का अधिकार मिल गया। इस ग्रुप के पास शिमला में दो, दिल्ली में मेडंस व इंपीरियल तथा रावलपिंडी और पुरी में एक-एक होटल थे। इस उलट-फेर के साथ ओबेरॉय सबसे बड़ी होटल चेन के मालिक बन गए।

ओबेरॉय ने सन् 1965 में देश का पहला फाइव स्टार होटल ओबेरॉय इंटरकॉन्टीनेंटल दिल्ली में खोलकर भारत में निजी पाँच सितारा होटलों की शुरुआत की। इसके बाद मुंबई में सन् 1973 में 35 मंजिला ओबेरॉय शेरटन खोला। होटल इंडस्ट्री में महिलाओं को नौकरी पर रखनेवाले पहले शख्स भी वही थे, जिन्होंने महिलाओं को घर से बाहर निकलकर काम करने के लिए प्रेरित किया।

एम.एस. ओबेरॉय को सन् 1962 और 1972 में राज्यसभा का सदस्य चुना गया। इस दौरान सन् 1968 में उन्होंने लोकसभा चुनाव भी जीता। उन्हें कई पुरस्कारों व सम्मानों से नवाजा गया। सन् 1943 में अंग्रेज सरकार ने उन्हें 'राय बहादुर' की उपाधि दी। अमेरिकन सोसाइटी ऑफ ट्रैवल एजेंट्स ने एम.एस. ओबेरॉय को 'हॉल ऑफ फेम' में शामिल किया। इंटरनेशनल होटल एसोसिएशन ने 'मैन ऑफ द वर्ल्ड' चुना। न्यूजवीक ने 'एलीट विनर्स ऑफ 1978' चुना। सन् 2001 में उन्हें भारत के सर्वोच्च नागरिक पुरस्कारों में से एक पद्म भूषण से सम्मानित किया गया।

103 वर्ष की आयु में 3 मई, 2002 को दिल्ली में उनका निधन हो गया।

□

एन.आर. नारायण मूर्ति

सॉफ्टवेयर कंपनी इन्फोसिस टेक्नोलॉजीज के संस्थापक

कामयाबी का मंत्र–

"टीमवर्क के बिना आगे नहीं बढ़ सकते।"

कर्मचारियों को नौकर नहीं, परिवार का हिस्सा मानें।

जन्म : मैसूर, 20 अगस्त, 1946
शुरुआत : पाटनी कंप्यूटर्स
पुरस्कार : अनेक पुरस्कार व सम्मान
नेट वर्थ : यू.एस. डॉलर 2.1 बिलियन (2018)

एन.आर. नारायणमूर्ति जानी-मानी सॉफ्टवेयर कंपनी इन्फोसिस टेक्नोलॉजीज के संस्थापक और उपक्रमी हैं। सन् 1981 में अपने कुछ मित्रों के साथ मिलकर नारायणमूर्ति ने इन्फोसिस की स्थापना की, जिसने देखते-ही-देखते सॉफ्टवेयर के क्षेत्र में सफलता की नई ऊँचाइयों को छुआ। वे सन् 1981 से लेकर 2002 तक इन्फोसिस के मुख्य कार्यकारी अधिकारी बने रहे और अपने नेतृत्व में कंपनी

को उन गिनी–चुनी कंपनियों के समकक्ष खड़ा कर दिया, जिनके बारे में कोई सोच भी नहीं सकता। वे महज भारतीय सॉफ्टवेयर उद्योग के प्रणेता ही नहीं बने, बल्कि विदेशों में भारतीय कंपनियों द्वारा बड़े मकाम हासिल करने के प्रेरणास्रोत भी रहे। उन्होंने पूरी दुनिया को दिखा दिया कि अगर आप आत्मविश्वास और पूरी लगन के साथ कुछ करने की ठान लें तो सफलता हमेशा आपके कदम चूमेगी। नारायण मूर्ति ने भारतीय कंपनियों में वो आत्मविश्वास डाला, जिसने उनके लिए सारी दुनिया के दरवाजे खोल दिए।

एन.आर. नारायण मूर्ति का जन्म 20 अगस्त, 1946 को कर्नाटक के मैसूर में हुआ। वे आरंभ से ही प्रतिभाशाली थे और दूसरे छात्रों के मुकाबले प्रश्नपत्र को चुटकियों में हल कर देते थे। स्कूली शिक्षा के बाद उन्होंने इंडियन इंस्टीट्यूट ऑफ टेक्नोलॉजी की प्रवेश परीक्षा में आवेदन किया और बैठे भी पर सफल नहीं हो पाए। इसके बाद उन्होंने नेशनल इंस्टीट्यूट ऑफ इंजीनियरिंग मैसूर से सन् 1967 में इलेक्ट्रिकल इंजीनियरिंग की। इसके पश्चात् उन्होंने इंडियन इंस्टीट्यूट ऑफ टेक्नोलॉजी कानपुर में एम.टेक में दाखिला लिया और सन् 1969 में पूरा किया।

एन.आर. नारायण मूर्ति ने अपने कॅरियर की शुरुआत इंडियन इंस्टीट्यूट ऑफ मैनेजमेंट अहमदाबाद में चीफ सिस्टम्स प्रोग्रामर के तौर पर की। वहाँ उन्होंने भारत के प्रथम टाइम–शेयरिंग कंप्यूटर सिस्टम पर कार्य किया और इलेक्ट्रॉनिक कॉर्पोरेशन ऑफ इंडिया लिमिटेड के लिए बेसिक इन्टेप्रेटर लागू किया। इसके बाद उन्होंने एक कंपनी 'सॉफट्रोनिक्स' की स्थापना की, जो सफल नहीं हो सकी; फिर उन्होंने डेढ़ साल बाद पाटनी कंप्यूटर सिस्टम्स पुणे में नौकरी कर ली। यहाँ पर उनकी मुलाकात नंदन निलेकणी और अन्य लोगों से हुई, जिनके साथ मिलकर उन्होंने सन् 1981 में इन्फोसिस की स्थापना की। इन्फोसिस की स्थापना के लिए उन्होंने अपनी पत्नी से 10000 रुपए उधार लिये थे। सन् 1981 से लेकर सन् 2002 तक मूर्ति इन्फोसिस के मुख्य कार्यकारी अधिकारी (सी.ई.ओ.) रहे और अपने नेतृत्व में उन्होंने एक छोटी सी सॉफ्टवेयर कंपनी को दुनिया की बड़ी कंपनियों के समकक्ष लाकर खड़ा कर दिया। 1 जून, 2013

को मूर्ति कार्यकारी अध्यक्ष और अतिरिक्त निदेशक की भूमिका में इन्फोसिस में फिर वापस आ गए। 14 जून, 2014 को उन्होंने इन्फोसिस के कार्यकारी अध्यक्ष का पद छोड़ दिया।

इन्फोसिस के अलावा भी मूर्ति ने कई बड़ी और नामी कंपनियों में स्वतंत्र निदेशक और सलाहकार की भूमिका निभाई। वे एच.एस.बी.सी. के कॉर्पोरेट बोर्ड पर स्वतंत्र निदेशक और डी.बी.एस. बैंक, यूनीलिवर, आई.सी.आई.सी.आई. और एन.डी.टी.वी. आदि में निदेशक रहे। वे कई शैक्षिक और लोकोपकारी संस्थानों के सलाहकार बोर्ड और समितियों के सदस्य भी हैं। इनमें मुख्य हैं—कॉर्नेल यूनिवर्सिटी, फोर्ड फाउंडेशन, द यू.एन. फाउंडेशन, द इंडो-ब्रिटिश पार्टनरशिप, एशियन इंस्टीट्यूट ऑफ मैनेजमेंट। वे पब्लिक हैल्थ फाउंडेशन ऑफ इंडिया के शासकीय बोर्ड के अध्यक्ष रहे। वे ब्रिटिश टेली कम्युनिकेशन के एशिया-प्रशांत सलाहकार बोर्ड में भी रहे। सन् 2005 में उन्होंने दावोस में विश्व आर्थिक मंच की सह-अध्यक्षता की।

उन्हें अनेक पुरस्कार व सम्मान मिले। फार्च्यून पत्रिका ने उन्हें विश्व के 12 महानतम उद्यमियों की सूची में रखा और टाइम पत्रिका ने उन्हें 'भारतीय आई.टी. उद्योग' का जनक कहा। वर्ष 2013 में एन.डी.टी.वी. द्वारा 25 ग्रेटेस्ट ग्लोबल इंडियन लिविंग लेजेंड्स, वर्ष 2013 में फिलंथ्रोपिस्त ऑफ द ईयर अवार्ड, वर्ष 2012 में अमेरिकन सोसाइटी फॉर मेकैनिकल इंजीनियर्स द्वारा हुवर मैडल, वर्ष 2011 में एन.डी.टी.वी. इंडियन ऑफ द ईयर, वर्ष 2009 में वूड्रो विल्सन अवार्ड फॉर कॉर्पोरेट सिटीजनशिप, वर्ष 2008 में पद्म विभूषण, वर्ष 2008 में फ्रांस सरकार द्वारा ऑफिसर ऑफ द लीजन ऑफ ओनोर, वर्ष 2007 में यू.के. सरकार द्वारा कमांडर ऑफ द ऑर्डर ऑफ द ब्रिटिश एंपायर, वर्ष 2003 में अर्न्स्ट एंड यंग इंटरप्रेन्योर ऑफ द ईयर, वर्ष 2000 में पद्मश्री।

□

नरेंद्र पाटनी

पाटनी कंप्यूटर सिस्टम के फाउंडर व चेयरमैन

कामयाबी का मंत्र–

"यह आपके हाथ में है कि आप कितनी बड़ी कामयाबी पाना चाहते हैं।"

छोटी टीम से भी बड़ी शुरुआत की जा सकती है।

जन्म : दिल्ली; 9 मार्च, 1942

निधन : 3 जून, 2014; बोस्टन, मैसाचुसेट्स, संयुक्त राज्य अमेरिका

शुरुआत : यू.एस. ट्रस्ट कंपनी, न्यूयॉर्क और आर्थर डी लिटिल इनकॉर्पोरेशन में सीनियर मैनेजमेंट व सलाहकार के रूप में

फ्यूचर प्लान : बड़ी सॉफ्टवेयर कंपनी तैयार करना

पुरस्कार : भारतीय शिरोमणि पुरस्कार व अन्य

नरेंद्र पाटनी 'पाटनी कंप्यूटर सिस्टम्स' के फाउंडर व चेयरमैन थे। वे भारतीय आई.टी. जगत् की जानी-मानी शख्सियत रहे। आई.टी. क्षेत्र के दिग्गज नाम नारायण मूर्ति, नंदन नीलेकणी, एस. गोपालकृष्णन आदि ने अपने कॅरियर की शुरुआत इन्हीं

के नेतृत्व में की।

पाटनी का जन्म 9 मार्च, 1942 को दिल्ली के एक जैन बिजनेस परिवार में हुआ। सन् 1964 में पाटनी ने आई.आई.टी. रुड़की से इलेक्ट्रिकल इंजीनियरिंग में बैचलर डिग्री प्राप्त की। इसके बाद मैसाचुसेट्स इंस्टीट्यूट ऑफ टेक्नोलॉजी से इलेक्ट्रिकल इंजीनियरिंग में मास्टर्स डिग्री हासिल की। सोलन स्कूल ऑफ मैनेजमेंट, एम.आई.टी. से मैनेजमेंट में भी पीजी की डिग्री ली।

नरेंद्र पाटनी सन् 1964 में एम.आई.टी. की फेलोशिप पर अमेरिका चले गए। उन्होंने यहाँ यू.एस. ट्रस्ट कंपनी, न्यूयॉर्क और आर्थर डी लिटिल इनकॉर्पोरेशन में सीनियर मैनेजमेंट व सलाहकार के रूप में काम किया है। सन् 1972 में उन्होंने अमेरिका में ही आउटसोर्सिंस की ओर अपना पहला कदम बढ़ाया और इसी वर्ष डाटा कन्वर्जन इनकॉर्पोरेशन नाम से अपनी पहली कंपनी खोली। अब यह उनकी मुख्य कंपनी की अमेरिकी अनुषंगी कंपनी है।

उन्होंने अमेरिका में अपने घर से ही काम की शुरुआत की। काम को बढ़ाने के लिए पाटनी की पत्नी पूनम पाटनी ने पुणे में बैंक ऑफिस ऑपरेशंस शुरू किया। सन् 1978 में उन्होंने 'पाटनी कंप्यूटर सिस्टम्स' की स्थापना की। इसके 23 साल बाद उन्होंने कंपनी को दो भागों में बाँट दिया। पहला हार्डवेयर, इसे पी.सी.एस. टेक्नोलॉजी के नाम से जाना गया और दूसरा सॉफ्टवेयर यूनिट।

नरेंद्र पाटनी अपनी कंपनी में लंबे समय तक सी.ई.ओ. के रूप में काम करते रहे। इसके बाद सन् 2009 में उन्होंने यह भूमिका छोड़ दी और कंपनी के चेयरमैन के रूप में अपनी सेवाएँ दीं।

3 जून, 2014 को बोस्टन, मैसाचुसेट्स, संयुक्त राज्य अमेरिका में उनका निधन हो गया।

अपने उल्लेखनीय कार्यों के लिए नरेंद्र पाटनी को अनेक पुरस्कार व सम्मान मिले। सन् 2006 में इंस्टीट्यूट ऑफ इकोनॉमिक स्टडीज की ओर से भारतीय शिरोमणि पुरस्कार। सन् 2008 में इंडियन इंस्टीट्यूट ऑफ टेक्नोलॉजी, रुड़की द्वारा प्रतिष्ठित एल्युमनी अवार्ड। 2012 में उन्हें न्यूयॉर्क में बिजनेस लीडरशिप के लिए लाइफटाइम अचीवमेंट अवार्ड मिला। □

नतेसन मुरुगासन

राजाथी ग्रुप के संस्थापक व चेयरमैन

कामयाबी का मंत्र–

"यदि आप में जोखिम उठाने की हिम्मत है तो आप सफलता के नजदीक खड़े हैं।"

काम सीखने की ललक ने खास बना दिया।

जन्म : मदुरैई (तमिलनाडु) सन् 1948
शुरुआत : प्राइवेट कंपनी में मजदूर के रूप में
फ्यूचर प्लान : एक बड़ी निर्यात कंपनी बनाना

नतेसन मुरुगासन राजाथी ग्रुप के चेयरमैन हैं। 'राजाथी ग्रुप' अलग-अलग क्षेत्रों में सक्रिय एक विशाल औद्योगिक समूह है। नतेसन मुरुगासन ने राजाथी फाउंडेशन नामक एक गैर-लाभकारी ट्रस्ट का गठन किया, जिसका मुख्य उद्देश्य गरीब बच्चों को शिक्षा उपलब्ध कराना है। वे प्रतिभाशाली छात्रों के लिए

एक छात्रवृत्ति योजना भी चलाते हैं।

नतेसन मुरुगासन का जन्म सन् 1948 में तमिलनाडु में मदुरैई के निकट एक छोटे से गाँव में हुआ। उन्होंने डिंडुगल से प्राथमिक शिक्षा हासिल की। इसके बाद उन्होंने नागपट्टिनम के सेंट एटोनीज स्कूल से माध्यमिक परीक्षा उत्तीर्ण की। पारिवारिक प्रतिबद्धताओं और मजबूरियों के चलते उनकी आगे की पढ़ाई नहीं हो सकी।

नतेसन मुरुगासन ने अपने कॅरियर की शुरुआत सन् 1964 में एक प्राइवेट कंपनी में बहुत कम वेतन पर मामूली मजदूर के रूप में आरंभ की। वे वहाँ बोरियाँ सिलने का काम करते थे, लेकिन उन्होंने कुछ दिनों बाद यह काम छोड़ दिया और मेसर्स सुबाराजा एंड संस में ऑफिस ब्वॉय के पद पर जॉइन किया। नतेसन मुरुगासन ने मेसर्स सुबाराजा एंड संस में रहकर निर्यात व्यवसाय के सभी पहलुओं को जाना व सीखा।

कड़ी मेहनत और काम के प्रति प्रतिबद्धता के साथ नई चीजें सीखने की उनकी ललक ने बहुत जल्दी ही उन्हें ऑफिस का खास कर्मचारी बना दिया। कंपनी ने ऑफिस की सभी जिम्मेदारियाँ उन्हें सौंप दीं।

नतेसन मुरुगासन के अनुसार, "मुझे जोखिम लेने में बहुत मजा आता है। मैं भी औरों की तरह अपना बिजनेस शुरू करना चाहता था। इसके लिए निर्यात का काम अच्छे से सीखने के बाद मैंने अपना काम आरंभ करने का निश्चय किया।"

सन् 1974 में मात्र 750 रुपए में उन्होंने अपने निर्यात बिजनेस की शुरुआत की। उन्होंने प्याज निर्यात करने का फैसला किया, क्योंकि उस समय प्याज का कोई भी निर्यात नहीं करता था। कारण था प्याज के जल्दी खराब हो जाने के डर से निर्यात व्यवसायी इससे दूर ही रहते थे।

नतेसन मुरुगासन के जोखिम भरे स्वभाव ने उन्हें इस काम को करने के लिए प्रेरित किया। उनके साहस और मेहनत ने उन्हें इस काम में सफलता दिलाई। इसके बाद उन्होंने अन्य कृषि उत्पादों का निर्यात करने का निर्णय लिया। आगे चलकर तिल, शक्कर, चावल, दालें, गुड़, मिर्च, मूँगफली, चायपत्ती आदि का निर्यात करने लगे।

नतेसन मुरुगासन ने सन् 2006 में 'राजाथी बायोटेक प्राइवेट लिमिटेड' की स्थापना की। वर्तमान में इस समूह की व्यावसायिक गतिविधियाँ काफी फैली हुई हैं। यह लौह अयस्क, माइनिंग, बायोटेक, हॉस्पिटैलिटी, रीयलिटी और इन्फ्रास्ट्रक्चर के क्षेत्र में भी सक्रिय है।

□

रतन टाटा

टाटा संस के सेवामुक्त चेयरमैन

कामयाबी का मंत्र–

"कड़ी मेहनत और नई सोच कामयाबी की सीढ़ी है।"

कामयाबी की सीढ़ी धीरे-धीरे चढ़ते हैं।

जन्म : 28 दिसंबर, 1937, मुंबई
शुरुआत : टाटा ग्रुप से जुड़कर
फ्यूचर प्लान : कंपनी की सदाबहार रफ्तार
पुरस्कार : अनेक पुरस्कार व सम्मान

रतन टाटा 'टाटा ग्रुप' के प्रमुख हैं। सन् 1981 में रतन टाटा 'टाटा इंडस्ट्रीज' और समूह की अन्य होल्डिंग कंपनियों के अध्यक्ष बने। सन् 1991 में उन्होंने जे.आर.डी. कंपनी से ग्रुप चेयरमैन का कार्यभार सँभाला। उनके कार्यभार सँभालते ही टाटा ग्रुप में एक नई सोच व विचारों की हवा बहने लगी। युवा

प्रबंधकों को जिम्मेदारी दी गई।

रतन टाटा एक प्रसिद्ध भारतीय उद्योगपति और टाटा संस के सेवामुक्त चेयरमैन हैं। वे सन् 1991 से लेकर 2012 तक टाटा ग्रुप के अध्यक्ष रहे। 28 दिसंबर, 2012 को उन्होंने टाटा ग्रुप के अध्यक्ष पद को छोड़ दिया, परंतु वे अभी भी टाटा समूह के चैरिटेबल ट्रस्ट के अध्यक्ष बने हुए हैं। वे टाटा ग्रुप की सभी प्रमुख कंपनियों जैसे—टाटा स्टील, टाटा मोटर्स, टाटा पावर, टाटा कंसल्टेंसी सर्विसेज, टाटा टी, टाटा केमिकल्स, इंडियन होटल्स और टाटा टेलीसर्विसेज के भी अध्यक्ष रहे। उनके नेतृत्व में टाटा ग्रुप ने नई ऊँचाइयों को छुआ और समूह का राजस्व भी कई गुना बढ़ा।

रतन टाटा का जन्म 28 दिसंबर, 1937 को मुंबई में हुआ। रतन की प्रारंभिक शिक्षा मुंबई के कैंपियन स्कूल से हुई और माध्यमिक शिक्षा कैथेड्रल एंड जॉन कॉनन स्कूल से। बी.एस-सी. वास्तुकला में स्ट्रक्चरल इंजीनियरिंग के साथ कॉर्नेल विश्वविद्यालय से 1962 में पूरा किया। तत्पश्चात् हार्वर्ड बिजनेस स्कूल से सन् 1975 में एडवांस्ड मैनेजमेंट प्रोग्राम पूरा किया। पढ़ाई के दौरान ही उन्हें आई.बी.एम. का एक ऑफर मिला। लेकिन जे.आर.डी. टाटा की सलाह पर रतन टाटा ने वह ऑफर ठुकरा दिया और भारत लौट आए।

रतन टाटा ने अपने कॅरियर की शुरुआत सन् 1962 में 'टाटा ग्रुप' से जुड़कर की। उन्होंने जमशेदपुर स्थित टाटा की फैक्टरी में सामान्य कर्मचारियों के रूप में जॉइन किया। यहाँ नीली वरदी वाले कर्मचारियों के साथ क़ाम करते हुए उन्होंने भट्ठी पर भी काम किया। चूना-पत्थर, किस काम आता है, उसका उपयोग कैसे किया जाता है, जैसी छोटी-छोटी बातों को जाना व सीखा। उन्होंने 9 साल तक वहाँ कड़ी मेहनत के साथ काम की बारीकियों को सीखा।

नौ साल की कड़ी मेहनत के बाद उन्हें पहली बार नेल्को का डायरेक्टर व इन्चार्ज नियुक्त किया गया। रतन टाटा को जब यह कंपनी सौंपी गई, उस वक्त यह काफी घाटे में चल रही थी। उन्होंने अपनी रणनीति, प्रबंधन-कौशल व सूझ-बूझ से जल्दी ही इस कंपनी को लाभ कमानेवाली कंपनी में बदल दिया। इस सफलता के बाद रतन टाटा एक के बाद एक सफलता हासिल करते गए।

रतन टाटा के साथ हमेशा अच्छा हुआ है, ऐसा नहीं। उन्होंने भी सन् 1977 में आपातकाल की मंदी और 7 माह की तालाबंदी को झेला, लेकिन इस खराब समय में भी अपना आत्मविश्वास नहीं खोया। इसके बाद उन्हें टाटा समूह की टैक्सटाइल मिल एंप्रेस मिल्स की जिम्मेदारी मिली।

रतन टाटा के नेतृत्व में टाटा कंसल्टेंसी सर्विसेज सार्वजनिक निगम बनी, टाटा मोटर्स न्यूयॉर्क स्टॉक एक्सचेंज में सूचीबद्ध हुई। उन्होंने सन् 1998 में मार्केट में इंडिका कार प्रस्तुत की। सन् 2007 में उनके नेतृत्व में कोरस ग्रुप का अधिग्रहण किया गया। रतन टाटा आम भारतीयों के लिए सस्ती कार बाजार में उतारना चाहते थे। उनका यह सपना भी जल्दी पूरा हो गया। उन्होंने सन् 2009 में नैनो कार मार्केट में उतारी। वर्तमान समय में टाटा समूह मार्केट कैपटलाइजेशन में भारत के किसी भी दूसरे व्यापारिक घराने से बड़ा है। रतन टाटा स्वयं देश-विदेश के विभिन्न संस्थाओं व संगठनों से संबद्ध हैं। वे गवर्नमेंट ऑफ इंडियाज इन्वेस्टमेंट कमीशन के अध्यक्ष रहे। प्राइम मिनिस्टर्स एनर्जी बोर्ड के अलावा वे नेशनल मैन्युफैक्चरिंग कांपटेटिवनैस काउंसिल के भी सदस्य रहे। इसके साथ वे रैंड कॉर्पोरेशन के बोर्ड ऑफ ट्रस्टी और कोर्ट ऑफ इंडियन इंस्टीट्यूट ऑफ साइंस बेंगलुरु के अध्यक्ष रहे।

रतन टाटा के नाम दर्जनों पुस्कार हैं। सन् 2002 में भारत सरकार द्वारा उन्हें 'पद्मभूषण' से सम्मानित किया गया। ओहियो विश्वविद्यालय द्वारा बिजनेस एडमिनिस्ट्रेशन में तथा वारविक विश्वविद्यालय द्वारा विज्ञान में मानद उपाधियाँ प्रदान की गईं। ऑटोमोटिव इंजीनियरिंग में मानद डॉक्टरेट, कानून की मानद डॉक्टरेट, सयाजी रत्न पुरस्कार, व्यापार में मानद डॉक्टरेट, अर्न्स्ट का लाइफटाइम अचीवमेंट अवार्ड, हैड्रियन पुरस्कार, 2008 में इंजीनियरिंग में लाइफ टाइम योगदान पुरस्कार, लीडरशिप अवार्ड, अंतरराष्ट्रीय गणमान्य अचीवमेंट अवार्ड इत्यादि।

□

रघुनाथन श्रीनिवास कामथ

कामथ्स अवरटाइम्स आइसक्रीम्स प्रा.लि. के सी.एम.डी.

कामयाबी का मंत्र–

"छोटे स्तर पर शुरू किया गया काम भी आपको सफलता की पंक्ति में ला सकता है। बशर्ते आपके काम में ईमानदारी व लगन हो।"

सफलता हर स्तर पर मिलती है।

शुरुआत : आइसक्रीम, फास्ट फूड और जूस के रेस्टोरेंट से
फ्यूचर प्लान : अपने आउटलेट्स की संख्या और बढ़ाने की

रघुनाथन श्रीनिवास कामथ कर्नाटक के मैंगलूर जिले के पटुर तालुका में मुल्की गाँव के एक गरीब फलों के विक्रेता के बेटे हैं, जो आज 'कामथ्स अवरटाइम्स आइसक्रीम्स प्रा.लि.' के सी.एम.डी. हैं। रघुनाथन श्रीनिवास कामथ के जीवन में दो घटनाएँ ऐसी घटीं, जिसने उनका जीवन ही बदल दिया। जब वे कक्षा सातवीं में पढ़ रहे थे, उस वक्त उनके साथ पहली घटना घटी।

हुआ यह कि वे सातवीं कक्षा में पहली बार फेल हो गए, जिससे वे काफी दु:खी हो गए थे। दूसरी घटना उस समय की है, जब उन्हें अपने भाई के व्यवसाय से अलग कर दिया गया।

रघुनाथन श्रीनिवास कामथ मुंबई में अपने भाई के साथ एक रेस्टोरेंट की चेन चलाते थे, जहाँ आइसक्रीम, फास्ट फूड और जूस मिलता था। अचानक उन्हें इससे अलग कर दिया गया। इस घटना ने रघुनाथन श्रीनिवास कामथ के जीवन को बदलकर रख दिया था। भाई से अलग होने के बाद उन्हें जल्द-से-जल्द अपने पैरों पर खड़ा होना था। कामथ पहले से ही आइसक्रीम व्यवसाय से जुड़े हुए थे, इसलिए उन्होंने अपनी दूसरी पारी की शुरुआत भी आइसक्रीम के व्यवसाय से की।

रघुनाथन श्रीनिवास कामथ आइसक्रीम के बिजनेस को एक नए रूप में पेश करना चाहते थे। काफी सोचने के बाद उन्होंने फैसला किया कि वे अपनी आइसक्रीम पूरी तरह से प्राकृतिक रखेंगे और इसमें कोई आर्टिफिशियल फ्लेवर नहीं मिलाएँगे और न ही इसमें कोई प्रेजरवेटिव्स का इस्तेमाल करेंगे।

रघुनाथन श्रीनिवास कामथ ने आइसक्रीम को पूरी तरह से प्राकृतिक रखने के लिए इसमें ताजे फल का उपयोग किया। आइसक्रीम के बाजार में यह एक नया प्रयोग था, जो बाद में चलकर कुल्फी प्लस फ्रूट के नाम से बाजार में मशहूर हुआ।

उनका यह नया प्रयोग जल्दी ही मशहूर हो गया। रघुनाथन श्रीनिवास कामथ ने शुरू में एक ही फ्लेवर की आइसक्रीम को लोगों के सामने पेश किया। अपने आउटलेट की स्थापना के कुछ ही महीनों बाद उन्होंने 15 नए फ्रूट फ्लेवर की शुरुआत की। फ्रूट फ्लेवर्स की शुरुआत के बाद पहले ही रविवार को उन्होंने 300 स्कूप की ब्रिकी की और उनके बिजनेस में यहीं से एक नया मोड़ आ गया।

इसके बाद रघुनाथन श्रीनिवास कामथ ने अपने आउटलेट्स की संख्या बढ़ानी शुरू कर दी। रघुनाथन श्रीनिवास कामथ ने सन् 1984 में जुहू में अपना व्यवसाय बहुत ही छोटे स्तर पर आरंभ किया। उन्होंने जब अपने व्यवसाय की शुरुआत की, उस वक्त आउटलेट में मात्र तीन कर्मचारी थे। जुहू में आउटलेट

की सफलता के बाद रघुनाथन श्रीनिवास कामथ नए शहरों में अपने आउटलेट खोलने लगे। आज, देश भर में उनकी नेचरल आइसक्रीम के 125 से ज्यादा आउटलेट हैं। वे 60 से ज्यादा फलों का उपयोग कर 100 से ज्यादा फ्लेवर वाली आइसक्रीम का उत्पादन करते हैं। आज कंपनी का 3000 करोड़ का संयुक्त मूल्य है। उनकी योजना भविष्य में अपने आउटलेट्स को पूरे देश में फैलाने की है। □

शिव नाडर

एच.सी.एल. के फाउंडर

कामयाबी का मंत्र–

"नया करने का साहस ही बड़ी कामयाबी दिलाता है।"

काम के नए तरीकों ने सफलता दिलाई।

जन्म : मूलाइपूझी (तमिलनाडु), 14 जुलाई, 1945
शुरुआत : डी.सी.एम. कैलकुलेटर इंजीनियर से
पहचान : इंडियन कंप्यूटर ग्रैंडमास्टर
पुरस्कार : कई पुरस्कार व सम्मान
नेट वर्थ : यू.एस. डॉलर 14.6 बिलियन (2018)

शिव नाडर हिंदुस्तान कंप्यूटर्स लिमिटेड (एच.सी.एल.) के सी.ई.ओ. और शिव नादर फाउंडेशन के संस्थापक और अध्यक्ष हैं। उन्हें भारत का कंप्यूटर ग्रैंडमास्टर भी कहा जाता है। उन्होंने 1970 के मध्य में एच.सी.एल. की स्थापना की और धीरे-धीरे कंपनी को हार्डवेयर के साथ-साथ आई.टी. उद्योग का एक

बड़ा नाम बना दिया। आई.टी. क्षेत्र के साथ-साथ शिव देश के शिक्षा क्षेत्र में भी बदलाव के लिए कार्य कर रहे हैं। यह कार्य शिव फाउंडेशन द्वारा संचालित किया जाता है।

शिव नाडर का जन्म तमिलनाडु के छोटे से गाँव मूलाइपूझी में 14 जुलाई, 1945 को हुआ। प्री यूनिवर्सिटी डिग्री मदुरै के अमेरिकन कॉलेज से ली। फिर पी.एस.जी. कॉलेज ऑफ टेक्नोलॉजी से इलेक्ट्रिकल और इलेक्ट्रॉनिक्स में इंजीनियरिंग की डिग्री हासिल की।

शिव नाडर ने अपने कॅरियर की शुरुआत सन् 1967 में वालचंद्र ग्रुप के पुणे स्थित कूपर इंजीनियरिंग से की। उन्होंने कुछ समय डी.सी.एम. लिमिटेड में भी इंजीनियर के रूप में काम किया। उनके अंदर का इंटरप्रेन्योर बेचैन था। वे स्वयं का बिजनेस करना चाहते थे। शिव नाडर ने ऑफिस में उपयोग आनेवाले सामान बनाने का काम आरंभ किया। उन्होंने जब काम आरंभ किया था, उनके पास कुल 6 कर्मचारी थे। किस्मत ने उनका साथ दिया। सन् 1970 में अमेरिकी कंपनी आई.बी.एम. ने भारत से अपना काम समेट लिया और यहाँ से चले गए। उनके खाली स्थान को भरने के लिए शिव नाडर की कंपनी एच.सी.एल. आगे आई।

सन् 1982 में एच.सी.एल. ने अपना पहला कंप्यूटर बनाया। जल्दी ही वह काम का दायरा बढ़ाकर देश की सीमा से पार ले गई। वर्तमान में एच.सी.एल. की 80 प्रतिशत कमाई कंप्यूटर और ऑफिस उत्पादों से होती है। एच.सी.एल. की सिंगापुर स्थित सहयोगी इकाई फार ईस्ट कंप्यूटर्स ने 'इमेजिंग टेक्नोलॉजी' में ऐतिहासिक सफलता पाई है। उन्होंने ऐसे कंप्यूटर बनाए, जो हाथों से लिखे टैक्स रिटर्न को पढ़ सकते थे।

शिव नाडर ने हमेशा नई खोज की। काम के नए तरीकों के जरिए सफलता की सीढ़ियाँ चढ़ीं। अमेरिका स्थित उनकी सहयोगी कंपनी एच.सी.एल. अमेरिका ने दुनिया के टाइमजोन का लाभ उठाते हुए अच्छी कमाई की। यह कंपनी हर शाम अपना असाइनमेंट चेन्नई स्थित ऑफिस को भेज देती थी। उस वक्त यहाँ सुबह होती है। दिन भर में काम खत्म कर शाम को वापस अमेरिका भेज दिया जाता था। यानी अमेरिका में जब सुबह ऑफिस खुलता तो असाइनमेंट तैयार

मिलता था।

नाडर ने जॉन हॉपकिंस मेडिसिन इंटरनेशनल के साथ मिलकर एक क्लीनिक श्रृंखला एच.सी.एल. एविटास की शुरुआत की। इस अपार सफलता के साथ-साथ नाडर ने खुद को समाजसेवा से भी जोड़ा और 'शिव नाडर फाउंडेशन' की स्थापना की, जिसके जरिए भारतीय शैक्षणिक व्यवस्था में सुधार के लिए कार्य करने लगे। उन्होंने चेन्नई में 'एस.एस.एन. कॉलेज ऑफ इंजीनियरिंग' की स्थापना की, जो आज देश के सर्वश्रेष्ठ निजी इंजीनियरिंग कॉलेजों में से एक है। इसके बाद उन्होंने उत्तर प्रदेश के ग्रेटर नोएडा में 'शिव नाडर यूनिवर्सिटी' की नीव रखी, जहाँ अंडरग्रैजुएट, पोस्टग्रैजुएट और प्रोफेशनल डिग्री की शिक्षा दी जाती है। उत्तर प्रदेश में 'विद्याज्ञान' पब्लिक स्कूलों का निर्माण किया गया, जहाँ ग्रामीण बच्चों को मुफ्त में विश्वस्तरीय शिक्षा दी जाती है।

वर्ष 1995 में डाटाक्वेस्ट ने उन्हें 'आई.टी. मैन ऑफ द ईयर' चुना। वर्ष 2005 में प्रधानमंत्री ने उन्हें 'सी.एन.बी.सी. बिजनेस एक्सिलेंस' पुरस्कार से नवाजा। वर्ष वर्ष 2006 में ऑल इंडिया मैनेजमेंट एसोसिएशन ने मानद फैलोशिप से सम्मानित किया। 2007 में मद्रास विश्वविद्यालय ने सॉफ्टवेयर प्रौद्योगिकी को बढ़ावा देने में उनके योगदान के लिए उन्हें डॉक्टरेट की मानद डिग्री (डी.-एस. सी.) से सम्मानित किया। वर्ष 2007 में अर्न्स्ट एंड यंग ने उन्हें 'इंटरप्रेन्योर ऑफ द ईयर 2007' सम्मान से नवाजा। वर्ष 2008 में आई.टी. ट्रेड एंड इंडस्ट्री सहित जनसेवा क्षेत्र में उनके योगदान के लिए वर्ष 2008 में उन्हें 'पद्म भूषण' से सम्मानित किया गया। वर्ष 2009 में फोर्ब्स पत्रिका ने एशिया पैसिफिक रीजन के '48 हीरोज ऑफ फिलेनथ्रोपी' में उन्हें शामिल किया। वर्ष 2010 में 'डाटाक्वेस्ट लाइफ टाइम अचीवमेंट अवार्ड' से सम्मानित किया गया। अप्रैल 2017 में, इंडिया टुडे पत्रिका ने भारत के 50 सबसे शक्तिशाली लोगों की 2017 की सूची में नाडर को 16वें स्थान पर रखा। नाडर परोपकार के लिए प्रतिबद्ध हैं और उन्होंने 1 अरब से अधिक रुपए परोपकार में खर्च किए हैं।

□

एस. गोपालकृष्णन

इन्फोसिस के सात संस्थापकों में से एक

कामयाबी का मंत्र–

"जब आप पूरी मेहनत और लगन के साथ काम करते हैं, सफलता आपके साथ-साथ चलती है।"

मैं कामयाब होना चाहता था, इसके लिए मैंने खूब मेहनत की।

जन्म : त्रिवेंद्रम (केरल), 5 अप्रैल, 1955
शुरुआत : पाटनी कंप्यूटर सिस्टम, मुंबई
फ्यूचर प्लान : एक बड़ी कंपनी बनाना
पुरस्कार : कई पुरस्कार व सम्मान
नेट वर्थ : यू.एस. डॉलर 1.8 बिलियन (2018)

एस. गोपालकृष्णन, लोकप्रिय नाम क्रिस गोपालकृष्णन इन्फोसिस टेक्नोलॉजिज लिमिटेड के सात संस्थापकों में से एक हैं। वर्तमान समय में गोपालकृष्णन अंतरराष्ट्रीय सूचना प्रौद्योगिकी संस्थान, बैंगलोर के अध्यक्ष और

कर्नाटक सरकार द्वारा स्थापित सूचना प्रौद्योगिकी शिक्षा मानकों के बोर्ड के उपाध्यक्ष हैं।

एस. गोपालकृष्णन ने फिजिक्स में मास्टर्स डिग्री ली। दो साल इंडियन इंस्टीट्यूट ऑफ टेक्नोलॉजी, मद्रास से कंप्यूटर साइंस में पी.जी. की डिग्री हासिल की और कॅरियर की शुरुआत पाटनी कंप्यूटर सिस्टम्स, मुंबई में सॉफ्टवेयर इंजीनियर के रूप में की।

एस. गोपालकृष्णन के अनुसार, "मुझे जिंदगी में कुछ बनना था। मैं कामयाब होना चाहता था। इसके लिए मैं पूरी मेहनत और लगन से अपना कार्य करता रहा। जिसके कारण दो वर्ष पूरे होने के पहले ही मुझे पदोन्नति मिली और मैं प्रोजेक्ट मैनेजर बना दिया गया।"

इस कामयाबी ने एस. गोपालकृष्णन में एक नई ऊर्जा का संचार किया। उनके अनुसार, "राउरकेला स्टील प्लांट में एलडी कन्वर्टर को नियंत्रित करने के लिए डिस्ट्रीब्यूटेड प्रोसेस कंट्रोल सिस्टम विकसित करना मेरी सबसे बड़ी उपलब्धि है। इस सफलता से मैं बहुत खुश हुआ।"

सन् 1981 में एन.आर. नारायण मूर्ति और अन्य छह लोगों के सहयोग से इन्फोसिस टेक्नोलॉजिज लिमिटेड की स्थापना की गई। एस. गोपालकृष्णन ने के.एस.ए. और इन्फोसिस के टैक्निकल ऑपरेशंस के प्रभारी की भूमिका भी निभाई। वे अमेरिका गए। अटलांटा में वाइस प्रेसीडेंट टैक्निकल के पद पर कार्य किया। इसके बाद उन्हें डिप्टी मैनेजिंग डायरेक्टर बनाकर भारत वापस बुला लिया गया। सन् 2007 में वे इन्फोसिस के सी.ई.ओ. व मैनेजिंग डायरेक्टर बनें।

उन्हें ग्लोबल थॉट लीडर के रूप में सम्मानित किया गया। आई.ई. बिजनेस स्कूल, मैड्रिड व लंदन बिजनेस स्कूल की मैनेजमेंट इनोवेशन लैबोरेटरी ने मिलकर ग्लोबल बिजनेस थिंकर्स की सूची तैयार की, जिसमें एस. गोपालकृष्णन को 'थिंकर्स–50' चुना गया। एस. गोपालकृष्णन को अनेक पुरस्कार व सम्मान मिल चुके हैं। भारत सरकार द्वारा 2011 में 'पद्म विभूषण' से सम्मानित किया गया।

बैंगलोर में भारतीय विज्ञान संस्थान में मस्तिष्क अनुसंधान के लिए एक केंद्र विकसित करने के लिए क्रिस ने 225 करोड़ रुपए (40 मिलियन अमरीकी डालर) का योगदान दिया। 105 वर्षीय इस संस्था को मिलनेवाला यह अब तक का सबसे बड़ा एकल दान रहा।

□

सुनील भारती मित्तल

भारती ग्रुप के संस्थापक और अध्यक्ष; एयरटेल के चेयरमैन

कामयाबी का मंत्र–

"मार्केट की अच्छी समझ कामयाबी दिलाती है।"

कोई भी कामयाबी रातोरात नहीं मिलती।

जन्म : लुधियाना, 23 अक्तूबर, 1957
शुरुआत : साइकिल के पुर्जे बनाने से
फ्यूचर प्लान : दुनिया की सबसे बड़ी टेलीकॉम कंपनी स्थापित करना
पुरस्कार : अनेक पुरस्कार व सम्मान
नेट वर्थ : यू.एस. डॉलर 8.8 बिलियन (2018)

सुनील भारती मित्तल का जन्म 23 अक्तूबर, 1957 को लुधियाना में हुआ। पंजाब विश्वविद्यालय से सुनील ने स्नातक की शिक्षा पूरी की। सन् 1976 में 19 वर्ष की आयु में अपने पिता से 20 हजार रुपए लेकर अपने एक दोस्त के साथ मिलकर लुधियाना में उन्होंने साइकिल के पुर्जे बनाने का काम शुरू किया। काम

अच्छे से चल निकला। मगर सुनील मित्तल की महत्त्वाकांक्षा थी, लुधियाना शहर में पूरी नहीं हो सकती थी। इसके लिए लुधियाना शहर काफी छोटा था। नतीजतन, सन् 1980 में लुधियाना का सारा कारोबार बेचकर मुंबई चले आए। यह यात्रा उनकी सफलता की यात्रा बन गई।

कुछ समय उन्होंने मुंबई में अवसरों को तलाशते हुए बिताया। सन् 1982 में उन्होंने सरकार से लाइसेंस लेकर जापान की सुजुकी कंपनी से पोर्ट्रेबल जनरेटर आयात करके बेचने का कारोबार शुरू किया। यह उनका फुल फ्रेश व्यापार था। व्यापार बहुत अच्छा चल रहा था। इस बीच उनके कारोबार पर अचानक सरकार की नजर लग गई। सरकार ने जनरेटर आयात करने का लाइसेंस रद्द कर दिया, जिससे उन्हें अपना कारोबार समेटना पड़ा।

इसके बाद सुनील मित्तल ने सन् 1984 में भारत में पुश बटन फोन एसेंबल करने का काम शुरू किया। इसके पहले देश में नंबर घुमाने वाले फोन चलन में थे। मार्केट में पुश बटन फोन आते ही लोगों ने उसे हाथोहाथ लिया। इसके साथ ही उन्होंने फैक्स मशीन, कॉर्डलेस फोन आदि भी बनाना शुरू कर दिया।

उनकी कंपनी टेलीटैक इन दिनों विश्व के विशालतम फोन निर्माता कंपनियों में से एक है। भारत में मोबाइल फोन के विकास की संभावना को समझने वाले सुनील मित्तल पहले उद्यमी थे। सरकार ने उनकी योजना को सन् 1994 में मंजूरी दे दी। सन् 1995 में सुनील ने 'भारती सेलुलर लिमिटेड' नाम से कंपनी बनाई और 'एयरटेल' ब्रांड नेम से मोबाइल सर्विस शुरू की।

सुनील के लिए यह कॅरियर का सबसे बड़ा एचीवमेंट साबित हुआ। देखते-ही-देखते 'एयरटेल' सबसे अधिक ग्राहक वाली मोबाइल कंपनी बन गई। आज सुनील मित्तल की कंपनी को 'स्टार्स ऑफ एशिया' कहा जाता है। सुनील का कहना है, "वे स्टार्स ऑफ एशिया नहीं, स्टार्स ऑफ वर्ल्ड बनना चाहते हैं।"

जून 2010 में, मित्तल के नेतृत्व में भारती टेलीकॉम ने दक्षिण अफ्रीकी टेलीकॉम कंपनी 'जैन टेलीकॉम' का अधिग्रहण किया। यह अभी तक का किसी भी भारतीय दूरसंचार कंपनी द्वारा सबसे बड़ा अधिग्रहण था। वर्ष 2012 में भारती ने अमेरिकी कंपनी वॉल-मार्ट के साथ भारत भर में खुदरा स्टोर खोलने का

करार किया, पर यह ज्यादा लंबा नहीं चल सका और अक्तूबर 2013 में यह डील समाप्त हो गई। भारती ने वर्ष 2014 में 'लूप मोबाइल' को भी लगभग 700 करोड़ में खरीदने की घोषणा की, पर बाद में सौदा रद्द कर दिया। मई 2015 में भारती रिटेल शृंखला 'ईजीडे' और फ्यूचर बाजार के 'बिग बाजार' के विलय की घोषणा हुई। सन् 2017 में मित्तल ने भारत के भीतर इनकमिंग और आउटगोइंग पर चार्ज खत्म करके तथा अंतरराष्ट्रीय रोमिंग शुल्क में बड़ा फेर-बदल करके 'रोमिंग पर युद्ध' की घोषणा कर दी।

भारती समूह टेली कम्युनिकेशन के अलावा रिटेल, इंश्योरेंस, फूड, इन्वेस्टमेंट मैनेजमेंट, एजुकेशन, रियल इस्टेट जैसे क्षेत्रों में भी कदम जमाए हैं।

सुनील मित्तल को अनेक अवार्ड व उपाधियों से सम्मानित किया गया। सुनील भारती प्रधानमंत्री के ट्रेड एंड इंडस्ट्रीज काउंसिल के मेंबर, सी.आई.आई. के उपाध्यक्ष रहे। सन् 2004 में ईस्टर्न एंड यंग इंटरप्रेन्योर ऑफ द ईयर। सन् 2005 में इकोनॉमी टाइम्स' द्वारा बिजनेस लीडर ऑफ द ईयर। इसी साल बेस्ट सी.ई.ओ. इंडिया। सन् 2005 में बेस्ट टेलीकॉम पर्सन ऑफ द ईयर। एशिया बिजनेसमैन ऑफ ईयर (फॉर्चून मैगजीन)। सन् 2008 में बिजनेस लीडर अवार्ड (एन.डी.टी.वी.)। सन् 2005 में लाल बहादुर शास्त्री अवार्ड। पद्म भूषण, भारत सरकार, 2007। साल के सी.ई.ओ., फ्रॉस्ट और सुलिवन एशिया प्रशांत आई.सी.टी. पुरस्कार, 2006। साल के मुख्य कार्यकारी अधिकारी, 2005-06, बिजनेस स्टैंडर्ड। सर्वश्रेष्ठ एशियाई टेलीकॉम के सी.ई.ओ., दूरसंचार एशिया पुरस्कार, 2005। द ईयर अवार्ड, एशियाई पुरस्कार-2010 के परोपकारी। मानद डॉक्टरेट, एमिटी विश्वविद्यालय, गुड़गाँव, 2016। मानद डॉक्टरेट, श्री माता वैष्णो देवी विश्वविद्यालय, कटरा, जम्मू और कश्मीर, 2018।

□

प्रदीप कार

माइक्रोलैंड के संस्थापक, चेयरमैन एवं मैनेजिंग डायरेक्टर

कामयाबी का मंत्र–

"आपकी कार्य क्षमता और लगन ही आपको पहचान दिलाती है।"

गिरने के बाद फिर से सँभल गए।

जन्म : महाराष्ट्र; 11 मार्च, 1958
शुरुआत : विप्रो कंपनी से की
फ्यूचर प्लान : आई.टी. क्षेत्र में आगे बढ़ना
पुरस्कार : अनेक पुरस्कार व सम्मान

प्रदीप कार माइक्रोलैंड के संस्थापक, अध्यक्ष और प्रबंध निदेशक हैं, जो भारत में रिमोट इन्फ्रास्ट्रक्चर मैनेजमेंट सर्विसेज स्पेस में एक प्रमुख खिलाड़ी के रूप में मान्यता प्राप्त कंपनी है। सीरियल इंटरप्रेन्योर के नाम से मशहूर प्रदीप कार निवेशकों को आकर्षित करने की अपनी अनोखी क्षमता के लिए जाने जाते हैं।

माइक्रोलैंड के संस्थापक, चेयरमैन एवं मैनेजिंग डायरेक्टर प्रदीप कार ने प्रारंभिक शिक्षा पूरी करने के बाद मेकैनिकल इंजीनियरिंग की पढ़ाई की। इसके बाद उन्होंने एस.पी. जैन इंस्टीट्यूट, मुंबई से मैनेजमेंट की पढ़ाई भी की।

पोस्ट ग्रैजुएशन की पढ़ाई पूरी होने के बाद सन् 1980 में प्रदीप कार ने अपने कॅरियर की शुरुआत विप्रो कंपनी से की। विप्रो कंपनी में कुछ समय काम करने के बाद उन्होंने यह नौकरी छोड़ दी और कंप्यूटर पॉइंट नाम की कंपनी के साथ जुड़ गए, लेकिन तीन साल बाद उन्होंने यह नौकरी भी छोड़ दी और सोनाटा सॉफ्टवेयर कंपनी जॉइन कर ली।

प्रदीप कार की कार्य क्षमता और लगन को देखते हुए कंपनी ने उन्हें अमेरिका भेज दिया। प्रदीप कार ने अमेरिका में कंपनी की स्थापना की और उसके विस्तार में अहम भूमिका निभाई। कंपनी की शुरुआत और उसकी सफलता को देखते हुए प्रदीप कार में स्वयं की कंपनी खोलने की इच्छा जाग्रत् हुई।

सन् 1989 में प्रदीप कार ने नौकरी छोड़ दी और भारत लौट आए। अपनी इच्छा को पूरा करने के लिए उन्होंने अपने दो सहयोगियों के साथ मिलकर 'माइक्रोलैंड' नामक कंपनी की स्थापना की। सन् 1990 में इंटरनेट के उभार को देखते हुए प्रदीप कार ने इस क्षेत्र में अपने कदम रखने का फैसला किया।

प्रदीप कार ने सबसे पहले प्लेनेट एशिया डॉट कॉम की शुरुआत की। इसकी सफलता के बाद इंडिया डॉट कॉम और इटस्पेस डॉट कॉम को लॉन्च किया। अचानक डॉट कॉम व्यवसाय औंधे मुँह गिरा। ऐसे में प्रदीप कार इंटरनेट व्यवसाय को छोड़ने का विचार कर रहे थे। तभी रूपर्ट मडोक के न्यूज कॉर्पोरेशन ने इंडिया डॉट कॉम को खरीदने की इच्छा जताई। तब इस ग्रुप को माइक्रोलैंड और प्लैनेट एशिया कंपनियों के साथ पुनर्गठित कर दिया गया।

प्रदीप कार ने '90 के दशक के आखिरी दिनों में अपनी कंपनी को मजबूती देने के लिए रिमोट सर्विस डिलीवरी मॉडल की मदद ली। इससे मूलभूत आउटसोर्सिंग उद्योग की रूपरेखा ही बदल गई।

कार को अनेक पुरस्कार व सम्मान मिले हैं। वे कर्नाटक में मुख्यमंत्री द्वारा आई.टी. क्षेत्र के लिए बनाए गए टास्क फोर्स और द इंडो-यू.एस. इंटरप्रेन्योर्स की

बेंगलुरु चैप्टर के सदस्य हैं। वे नेशनल स्टॉक एक्सचेंज की लिस्टिंग कमेटी में भी शामिल हैं। प्रदीप कार को इंडियन एक्सप्रेस का इंडिया यंग बिजनेस एचीवर अवार्ड मिला है। वे वर्ल्ड इकोनॉमिक फोरम के वर्ल्ड लीडर फॉर टुमारो की सूची में शामिल किए गए।

□

वी.एस.एस. मणि

जस्ट डायल के संस्थापक व एम.डी.

कामयाबी का मंत्र–

"नया आइडिया कामयाबी की मंजिल तक जरूर ले जाता है।"

पूरी दुनिया में छाने की तैयारी में हूँ।

जन्म : जमशेदपुर, 1966

शुरुआत : यलो पेजेस में सेल्स मैनेजर

फ्यूचर प्लान : गूगल और याहू की तरह पूरी दुनिया में कारोबार फैलाना

वी.एस.एस. मणि जस्ट डायल के संस्थापक व एम.डी. हैं। इनका जन्म जमशेदपुर में एक परंपरावादी तमिल ब्राह्मण परिवार में हुआ और पालन-पोषण कलकत्ता में। प्रारंभिक शिक्षा के पश्चात् उन्होंने ग्रैजुएशन की डिग्री ली। इसी दौरान उन्होंने सी.ए. आर्टिकलशिप में भी दाखिला ले लिया, लेकिन पैसों के

अभाव में उन्हें सी.ए. की पढ़ाई बीच में ही छोड़ देनी पड़ी।

वी.एस.एस. मणि के अनुसार, "मैंने उसी पल यह निश्चय कर लिया कि मैं एक दिन अमीर बनकर रहूँगा और उसी दिन से अमीर बनने पर विचार करने लगा। किसी भी बिजनेस के लिए सबसे पहले जरूरत थी रुपए की, जो मेरे पास नहीं थे।"

वी.एस.एस. मणि ने अपने कॅरियर की शुरुआत यलो पेजेस कंपनी यूनाइटेड डाटाबेस इंडिया (यू.डी.आई.) में सेल्स की नौकरी से की। यहाँ उन्होंने दो साल काम किया। नौकरी के दौरान उनके दिमाग में आया कि क्यों न यह काम मोबाइल के जरिए किया जाए।

वी.एस.एस. मणि बताते हैं, "मेरे दिमाग में जैसे ही यह विचार आया, मैंने स्वयं का बिजनेस करने का निश्चय कर लिया। बिजनेस करने के लिए अब तक मेरे पास कुछ रुपए भी जमा हो चुके थे।"

सन् 1996 की बात है। वी.एस.एस. मणि मुंबई आ गए। यहाँ रहने के लिए घर और ऑफिस के लिए जगह मिलना इतना आसान नहीं था। थोड़ी भाग-दौड़ के पश्चात् उन्हें अपने एक रिश्तेदार के यहाँ जगह मिल गई।

उन्होंने फोन कनेक्शन के लिए 3000 रुपए जमा कर दिए। फोन आने में एक साल का समय लग गया। उधार के फरनीचर और किराए के कंप्यूटर से उन्होंने जस्ट डायल का ऑफिस शुरू किया।

जस्ट डायल ने एक कॉल पर लोगों को जानकारी व नंबर देना शुरू किया। वह लोगों द्वारा काफी पसंद किया गया। जस्ट डायल ने सिर्फ नंबर और संस्थान का पता देने के अलावा इलेक्ट्रॉनिक प्रोडक्ट की सेवाएँ और ट्रेवल पैकेज का काम भी शुरू कर दिया। देखते-ही-देखते जस्ट डायल 8888888 नंबर लोगों की जुबान पर चढ़ गया। 50,000 हजार रुपए से शुरू की गई कंपनी का वर्तमान टर्न ओवर 847.61 करोड़ रुपए (मार्च 2018) है।

मई 2013 में जस्ट डायल ने शेयर मार्केट में छलाँग लगाई और एक और इतिहास अपने नाम लिख लिया। जस्ट डायल की सेवा अब आपके स्मार्टफोन पर भी उपलब्ध हो चुकी है और सेवा के बारे में कहा जा सकता है कि कॉल

करने से कहीं ज्यादा सूचना इस एप्लिकेशन में उपलब्ध है। होटल की जानकारी से लेकर पेट्रोल पंप, शॉपिंग और वेडिंग तक शामिल हैं। यहाँ से आप हर प्रकार की जानकारी प्राप्त कर सकते हैं।

दिसंबर 2017 तक जस्ट डायल कंपनी के पास लगभग सवा 2 करोड़ बिजनेस रिकॉर्ड का डाटाबेस है और इनके नियमित 4,45,110 पेड यूजर्स हैं। जस्ट डायल के ऑफिस आज भारत, संयुक्त राज्य अमेरिका, कनाडा, ब्रिटेन, संयुक्त अरब अमीरात में मौजूद हैं। जहाँ 10,198 कर्मचारी काम करते हैं। वी.एस.एस. मणि का सपना है कि वे गूगल व याहू डॉट कॉम की तरह सारी दुनिया में इसे फैलाएँ। वे कहते हैं, "मैं पूरी दुनिया में छाने की तैयारी में हूँ।"

□

आनंद महिंद्रा

महिंद्रा समूह के अध्यक्ष और प्रबंध निदेशक

जन्म : मुंबई; 1 मई, 1955
पुरस्कार : अनेक पुरस्कार व सम्मान
नेट वर्थ : यू.एस. डॉलर 1.7 बिलियन (2018)

आनंद महिंद्रा, महिंद्रा समूह की प्रमुख कंपनी 'महिंद्रा एंड महिंद्रा लिमिटेड' के अध्यक्ष और प्रबंध निदेशक हैं। महिंद्रा समूह भारत के सबसे प्रतिष्ठित 10 शीर्ष औद्योगिक घरानों में से एक है। इस प्रसिद्ध समूह को लुधियाना (पंजाब) में आनंद के दादा जगदीशचंद्र व कैलाशचंद्र महिंद्रा द्वारा स्थापित किया गया था।

आनंद महिंद्रा की कार्यकुशलता के परिणामस्वरूप महिंद्रा ट्रैक्टर, बोलेरो, एक्सयूवी500 और महिंद्रा स्कॉर्पियो जैसे वाहन दुनिया भर में 'महिंद्रा उद्योग समूह' की पहचान बन गए हैं।

आनंद महिंद्रा का जन्म 1 मई, 1955 को मुंबई, महाराष्ट्र में एक प्रसिद्ध एवं संपन्न व्यवसायी परिवार में हुआ। वर्ष 1977 में आनंद ने अमेरिका के

हार्वर्ड कॉलेज (कैंब्रिज, मैसाचुसेट्स) के 'डिपार्टमेंट ऑफ विज्युल एंड एनवायरॉनमेंटल स्टडीज', से स्नातक की शिक्षा प्राप्त की। वर्ष 1981 में उन्होंने 'हार्वर्ड बिजनेस स्कूल', बोस्टन, मैसाचुसेट्स से 'बिजनेस एडमिनिस्ट्रेशन' में स्नातकोत्तर की शिक्षा प्राप्त की।

1981 में भारत लौटकर आनंद महिंद्रा ने 'महिंद्रा यूजाइन स्टील कंपनी' में वित्त निदेशक के कार्यकारी सहायक के रूप में अपना पहला कार्यभार ग्रहण किया। वर्ष 1989 में वे 'रियल स्टेट डेवलपमेंट और हॉस्पिटैलिटी' से संबंधित इकाई के अध्यक्ष बनाए गए। वर्ष 1991 में उन्हें 'महिंद्रा एंड महिंद्रा समूह' के उप-प्रबंध निदेशक का कार्यभार सौंपा गया। 1997 में कंपनी में प्रबंध निदेशक के रूप में जिम्मेदारी ली तथा इसके बाद वर्ष 2003 में ये कंपनी के वाइस चेयरमैन बनाए गए। इसके अतिरिक्त वे 'कोटक महिंद्रा फाइनेंस लिमिटेड' के सह-प्रमोटर बने और वर्ष 2003 में उन्होंने इसे बैंक के रूप में तब्दील कर दिया। वर्तमान में 'कोटक महिंद्रा बैंक' भारत के अग्रणी निजी क्षेत्र के बैंकों में भी अपना विश्वसनीय स्थान बनाए हुए है।

वर्ष 2002 में महिंद्रा एंड महिंद्रा समूह ने स्वदेशी तकनीकी पर विकसित कार (एस.यू.वी.) के नए मॉडल को 'स्कार्पियो' नाम से लॉन्च किया। जिससे कंपनी को वैश्विक पहचान मिली। महिंद्रा ने 'सत्यम् कंप्यूटर सर्विसेज' को वर्ष 2009 में तथा वर्ष 2010 में 'रेवा इलेक्ट्रिक व्हीकल्स' और 'स्संग्योंग मोटर कंपनी' को भी अधिगृहीत किया। आनंद ने कंपनी को एक नए और अलग क्षेत्र में पहचान दिलाने के लिए 'महिंद्रा सिस्टम एंड ऑटोमोटिव टेक्नोलॉजी' की स्थापना की जो अब नए मॉड्यूल्स और बेहतर इंजीनियरिंग सेवाएँ कंपनी के लिए उपलब्ध करा रहा है। कंपनी ने ब्रिटेन और चीन में औद्योगिक संस्थानों के अधिग्रहण की रणनीति पर भी काम किया। इन्होंने संयुक्त राज्य अमेरिका में असेंबलिंग संयंत्रों की स्थापना की है और अंतरराष्ट्रीय कंपनियों जैसे—रेनो, निसान और इंटरनेशनल ट्रक एंड इंजन कॉर्पोरेशन, संयुक्त राज्य अमेरिका के साथ संयुक्त उद्यम भी स्थापित किया है।

आनंद ने वर्ष 2003-04 में 'भारतीय उद्योग परिसंघ' के अध्यक्ष के रूप में

भी कार्य किया। उन्होंने अपनी माँ इंदिरा महिंद्रा के नाम पर हार्वर्ड विश्वविद्यालय को 100 करोड़ डॉलर का योगदान वहाँ के मानविकी केंद्र की गतिविधियों का विस्तार करने के लिए दान के रूप में दिया। इस विशाल धनराशि को आनंद ने होमी भाभा मानविकी केंद्र के निदेशक के नेतृत्व में वहाँ स्थित विशिष्ट संस्थानों की उन्नति और आधुनिकीकरण के लिए दिया।

आनंद महिंद्रा को कई सम्मान व पुरस्कार मिले हैं। वर्ष 2004 में उन्हें फ्रांस के राष्ट्रपति द्वारा विशेष सम्मान 'ऑर्डर ऑफ मेरिट' से सम्मानित किया गया। व्यवसाय के क्षेत्र में उत्कृष्ट योगदान के लिए 'राजीव गांधी पुरस्कार' से भी सम्मानित किया गया। वर्ष 2006 में 'सी.एन.बी.सी. एशिया बिजनेस लीडर' पुरस्कार और 'लुधियाना मैनेजमेंट एसोसिएशन' द्वारा 'वर्ष के उद्यमी पुरस्कार' से नवाजा गया। वर्ष 2007 में 'एन.डी.टी.वी. प्रॉफिट' ने 'वर्ष के सबसे प्रेरणादायक कॉर्पोरेट लीडर' के सम्मान से सम्मानित किया। वर्ष 2008-2009 में बिजनेस लीडर के रूप में 'इकॉनोमिक टाइम्स पुरस्कार' प्राप्त हुआ। इनके 'फार्म इक्विपमेंट सेक्टर' को 'जापान क्वालिटी मेडल' प्राप्त हुआ है। यह सम्मान प्राप्त करनेवाली विश्व की यह एकमात्र ट्रैक्टर कंपनी है। 'डेमिंग पुरस्कार' जीतने वाली भी यह विश्व की एकमात्र कंपनी है।

□

आर.एस. गोयनका एवं आर.एस. अग्रवाल

इमामी ग्रुप

नेट वर्थ : यू.एस. डॉलर 1.6 बिलियन (2018)

अगर 'इमामी लिमिटेड' के 62 वर्षीय अध्यक्ष आर.एस. अग्रवाल और इमामी के संयुक्त अध्यक्ष 61 वर्षीय आर.एस. गोयनका को कोई बात खास बनाती है तो वह है—काम के प्रति उनका जज्बा और उनमें छिपी गजब की क्रियाशीलता।

दोनों ही का परिवार काफी बड़ा है और जब इमामी ने झंडु फार्मास्यूटिक्लस का अधिग्रहण किया तो दोनों ही परिवार की ओर से इन्हें सहारा मिला था। गोयनका और अग्रवाल पहली बार तब मिले थे, जब वे हाई स्कूल में पढ़ रहे थे। दोनों ने साथ-साथ वाणिज्य, कानून और लेखा की पढ़ाई की और कुछ समय बिड़ला कंपनी में काम करने के बाद खुद का कारोबार खड़ा किया। इन दोनों ने कंपनी में अपने-अपने कार्य क्षेत्रों की पहचान बखूबी की है। जहाँ अग्रवाल मुख्य रूप से रणनीतिक योजना और कारोबारी मसलों पर अधिक ध्यान देते हैं, वहीं

गोयनका कर संबंधी और वित्तीय योजना मसलों पर ध्यान देते हैं।

भले ही इन दोनों ने बहुत बड़ी शुरुआत नहीं की थी, मगर काम के प्रति अपने जोश और क्रियाशीलता के दम पर उन्होंने जल्दी ही बेहतर मुकाम हासिल कर लिया था। कुछ ही समय बाद ये पश्चिम बंगाल में कोलकाता के छोटी सी उत्पादन इकाई में आयुर्वेदिक दवा और सौंदर्य प्रसाधन का उत्पादन करने लगे। शहर में मारवाड़ी समुदाय के उद्यमियों का कहना है कि इन दोनों ही उद्योगपतियों में उभरती क्षमताओं का पता लगाने की गजब की क्षमता है। इन्हें पता होता है कि इनके रास्ते में कौन सी संभावनाएँ हैं और वे कैसे उन्हें अपनी मुट्ठी में कर सकते हैं। ये पहले इस बात का भी आभास कर लेते हैं कि इन्हें व्यर्थ में किन अधिग्रहणों या संयुक्त उद्यमों में हाथ नहीं डालना है।

झंडु के अधिग्रहण के पहले कंपनी का टर्नओवर 2,000 करोड़ रुपए का था, जिसमें पिछले कुछ सालों के दौरान 25 फीसदी की सालाना दर से बढ़ोतरी हो रही है। समूह के पास नकदी की भी किल्लत नहीं है और मनी मार्केट में कंपनी एक बड़े खिलाड़ी के तौर पर है। कंपनी अपने एफ.एम.सी.जी. कारोबार में इकाइयों के विस्तार, आयात और घरेलू कारोबार में निवेश को बढ़ाने पर ध्यान केंद्रित कर रही है।

कंपनी के एफ.एम.सी.जी. कारोबार का गठन 1974 में किया गया और आज यह करीब 750 करोड़ रुपए का है। अग्रवाल और गोयनका ने इमामी को त्वरित उपभोक्ता सामान (एफ.एम.सी.जी.) कंपनी के रूप में स्थापित करने का फैसला लिया, क्योंकि इसमें कम निवेश के साथ ऊँची विकास की संभावनाएँ थीं।

अग्रवाल कहते हैं, "आर.एस. गोयनका पढ़ने में तेज और समझदार इनसान हैं और मैं उनसे वित्त के बारे में मार्गदर्शन लेता रहता हूँ।" लॉञ्च के 5-6 साल में ही इमामी क्रीम और पाउडर ने बाजार में अपनी पकड़ बना ली थी। दरअसल, उन दिनों इमामी ने एक नए प्रयास के तौर पर 'वैनीशिंग' (ठंड में लगाई जानेवाली) क्रीम बाजार में उतारी थी। आज बाजार में बिकने वाली सभी क्रीम इसी तकनीक के साथ बनाई जाती हैं, पर पहली दफा ऐसा प्रयास इमामी

ने ही किया था। वर्ष 1978 में इमामी ने 90 साल पुरानी कंपनी हिमानी को खरीद लिया और 1980 तक इमामी ने हर घर में अपनी पहचान बना ली थी। इमामी ने 'बोरोप्लस' के नाम से ऐंटीसेप्टिक क्रीम बाजार में उतारी, जिसकी ऐंटिसेप्टिक क्रीम के बाजार में हिस्सेदारी 75 फीसदी से अधिक है।

स्किनकेयर और पर्सनलकेयर ब्रांड के बाद कंपनी ने हैल्थकेयर उत्पादों के साथ प्रयोग करने भी शुरू किए और इसी क्रम में कंपनी ने 'सोना चाँदी च्यवनप्राश' और 'मेंथोप्लस' लॉन्च किया। धीरे-धीरे कंपनी ने कागज उत्पादन, बॉल पेन टिप्स, रियल एस्टेट और फार्मेसी के कारोबार में भी कदम रखा। फिलहाल कंपनी में करीब 19,000 कर्मचारी काम कर रहे हैं। देश के प्रमुख अखबारों को न्यूजप्रिंट सप्लाई करनेवाली इमामी सबसे बड़ी कंपनी है। बॉल पेन टिप्स तैयार करनेवाली दुनिया की प्रमुख कंपनियों में इमामी का स्थान चौथा है। रियल एस्टेट और फार्मेसी के कारोबार में इमामी दूसरे डेवलपर्स और रियल एस्टेट कंपनियों के साथ गठजोड़ कर रही है।

इमामी विस्तार की योजना बना रही थी और इसी क्रम में कंपनी ने महाराष्ट्र में डाक विभाग और आई.टी.सी. लिमिटेड के साथ गठजोड़ किया, ताकि ग्रामीण इलाकों में ग्राहकों को अपनी ओर खींचा जा सके। कंपनी ने ग्रामीण पेट्रोल पंपों के जरिए अपने उत्पाद की बिक्री के लिए इंडियन ऑयल कॉर्पोरेशन के साथ भी गठजोड़ किया।

कंपनी के लिए अच्छी बात यह है कि परिवार के सभी सदस्यों ने विभिन्न कारोबारी क्षेत्रों में अपनी-अपनी पकड़ बना ली है। आर.एस. गोयनका के भाई और कंपनी के प्रबंध निदेशक सुशील गोयनका कारोबार से जुड़े हर दिन के मामलों को देखते हैं। वहीं आर.एस. गोयनका के बेटे मोहन और मनीष गोयनका एफ.एम.सी.जी. कारोबारी विकास को देखते हैं। आर.एस. अग्रवाल के बेटे आदित्य अग्रवाल एफ.एम.सी.जी. कारोबार पर नजर रखते हैं तो वहीं उनके दूसरे बेटे हर्ष अग्रवाल के पास पर्सनलकेयर उत्पादों की देख-रेख का जिम्मा है।

□

गौतम अडानी

अदानी समूह के अध्यक्ष

जन्म : अहमदाबाद; 24 जून, 1962
नेट वर्थ : यू.एस. डॉलर 9.7 बिलियन (2018)

गौतम अडानी का जन्म निम्न मध्यम वर्गीय परिवार में हुआ। कभी घर की माली हालत खराब होने से बीच ही में पढ़ाई छोड़नी पड़ी, आज उनकी गिनती विश्व के चुनिंदा सौ अरबपतियों में होती है।

गौतम अडानी का जन्म 24 जून, 1962 को अहमदाबाद के गुजराती जैन परिवार में हुआ। अपने सात भाई-बहनों में एक अडानी के पिता कभी आजीविका के लिए थराड़ कस्बे से गुजरात के इस उत्तरी हिस्से में आ बसे थे। पढ़ाई-लिखाई करने से पहले रोजी-रोटी का सवाल आ गया। नतीजा यह हुआ कि कॉलेज की पढ़ाई के बाद उन्होंने गुजरात यूनिवर्सिटी में बी.कॉम में एडमिशन तो ले लिया, लेकिन पढ़ाई बीच में ही छूट गई। तमाम मुश्किलों के बावजूद अडानी ने हार नहीं मानी और जिंदगी में कुछ कर गुजरने की तमन्ना लिये 18 वर्ष की उम्र में

पैसे कमाने के लिए मुंबई भाग आए और एक डायमंड कंपनी में तीन-चार सौ रुपए की नौकरी पर लग गए। दो साल वहाँ काम करने के बाद गौतम अडानी ने झावेरी बाजार में खुद का डायमंड ब्रोकरेज आउटफिट खोला। यहीं से उनकी जिंदगी पलटनी शुरू हो गई।

1980 के दशक में अडानी अपने अहमदाबाद शहर में बचपन के साथी मलय महादेविया के स्कूटर पर पीछे बैठे लोगों को दिख जाया करते थे। बाद में महादेविया उनके बिजनेस पार्टनर हो गए। अडानी भारत के उन गिने-चुने कामयाब उद्योगपतियों में एक हैं, जिन्होंने फर्श से उठकर अर्श पर पहुँचने की 'अरबपति कामयाबी' हासिल की है। माली हालत खराब होने से ही उनके पिता अहमदाबाद के पोल इलाके की शेठ चॉल में रहते थे। आज उनका कारोबार पूरी दुनिया के कोयला व्यापार, खनन, तेल एवं गैस वितरण, बंदरगाह, मल्टी मॉडल लॉजिस्टिक, बिजली उत्पादन-वितरण तक फैला हुआ है। उनके पास देश की सबसे बड़ी एक्सपोर्ट कंपनी है। जिस अडानी ने मारुति-800 से अपना व्यावसायिक सफर शुरू किया, आज उनके पास बी.एम.डब्ल्यू. गाड़ियों का समूह है, फरारी है, चार हेलीकॉप्टर, तीन बोम्बार्डियर, बीचक्राफ्ट विमान हैं। उनको यह सब महज साढ़े तीन दशक में हासिल हुआ। अडानी ने उत्तर प्रदेश में 35 हजार करोड़ के निवेश का ऐलान किया है।

एक सबसे सफल बिजनेसमैन के इस सफर में गौतम अडानी को यह सफलता कोई आसानी से हासिल नहीं हुई है। वर्ष 1981 में अडानी के बड़े भाई मनसुखभाई ने प्लाटिक की एक यूनिट अहमदाबाद में लगाई और उन्होंने गौतम को कंपनी चलाने के लिए कहा। इसके बाद उन्होंने बड़े भाई की पीवीसी यूनिट सँभाली और धीरे-धीरे कारोबार आगे बढ़ाया। 1988 में उन्होंने एक्सपोर्ट-इम्पोर्ट कंपनी अडानी इंटरप्राइजेज की स्थापना की। आज अडानी ग्रुप का कारोबार दुनिया भर में फैला हुआ है।

अडानी ने अपनी किस्मत, अपनी मेहनत से बनाई है। ऐसे दौर में जब उनका परिवार वित्तीय तंगी से जूझ रहा था, तब उन्होंने कॉलेज की पढ़ाई छोड़कर खुद अपना रास्ता बनाने का फैसला किया। उनके इस फैसले से उनके पिता

शांतिलाल अडानी कतई खुश नहीं थे। लेकिन अपनी धुन के पक्के गौतम अडानी ने वही किया, जो उन्होंने करना चाहा।

अडानी की एक खासियत थी कि वे लोगों की कही-सुनी बातों पर ध्यान नहीं देते थे। उन्हें नाकामियों से डर नहीं लगता था। वे सिर्फ अपने विजन और आइडिया पर चलते थे। अपनी इसी खूबी के कारण वे यह मुकाम हासिल करने में कामयाब रहे। अडानी ने सब अपने दम से कमाया, अपने दम से बनाया।

□

जी.एम. राव

जी.एम.आर. समूह के संस्थापक अध्यक्ष

जन्म : राजम, श्रीकालुलम, आंध्र प्रदेश; 14 जुलाई, 1950
पुरस्कार : अनेक पुरस्कार व सम्मान

ग्रांधी मल्लिकार्जुन राव एक यांत्रिक इंजीनियर, अरबपति उद्योगपति, जी.एम.आर. समूह के संस्थापक अध्यक्ष और भारत में स्थित एक वैश्विक आधारभूत संरचना के डेवलपर और ऑपरेटर हैं। वर्ष 1978 में शुरू हुआ, जी.एम.आर. समूह अब 7 देशों में ऊर्जा, राजमार्ग, बड़े शहरी विकास और हवाई अड्डे के क्षेत्रों में सक्रिय है, जो विश्व स्तरीय राष्ट्रीय संपत्तियों के निर्माण और संचालन के लिए जाना जाता है।

जी.एम .राव का जन्म 14 जुलाई, 1950 को आंध्र प्रदेश के श्रीकालुलम जिले के राजम में एक उच्च-मध्यम परिवार में हुआ। उनका परिवार कमोडिटीज और ज्वैलरी व्यवसाय करता था।

आंध्र विश्वविद्यालय से स्नातक होने के बाद, राव आंध्र प्रदेश सरकार में

जूनियर इंजीनियर के रूप में शामिल हो गए, लेकिन जल्दी ही नौकरी छोड़ दी और पारिवारिक व्यवसाय सँभाल लिया।

कमोडिटीज ट्रेडिंग के कारोबार में आपूर्तिकर्ताओं और ग्राहकों के साथ अच्छे संबंध विकसित करने के बाद, उन्होंने सौदेबाजी करके एक बंद जूट मिल खरीद ली। यह उद्यम आकर्षक साबित हुआ। जी.एम. राव स्थानीय बैंकों के सहयोग से अन्य संपत्तियों का अधिग्रहण करने लगे। आखिरकार जी.एम. राव ने अपने उद्योगों की हिस्सेदारी को विभाजित कर दिया और आई.एन.जी. के सहयोग से 'वैश्य बैंक' नामक एक बैंक शुरू किया।

बाद में राव ने 340 करोड़ में अपनी हिस्सेदारी बेचकर आई.एन.जी. वैश्य में अपनी हिस्सेदारी कम कर दी। इस नकदी से उन्होंने बिजली कारोबार में प्रवेश किया। राव को भारत के अग्रणी आधारभूत संरचना परिसंपत्ति डेवलपर बनने की इजाजत दी गई, क्योंकि जी.एम.आर. का सबसे प्रासंगिक प्रतिद्वंद्वी जी.वी.के. बाजार पूँजीकरण से 6 गुना छोटा है, जिससे भारत में जी.एम.आर. समूह नेता बन गया। उन्होंने हैदराबाद में एक नए एयरपोर्ट का निर्माण किया। 5,02,000 वर्ग मीटर क्षेत्र में दिल्ली एयरपोर्ट के आधुनिकीकरण के कार्य को उन्होंने 37 महीने के रिकॉर्ड समय में संपन्न किया। दुनिया के आठवें सर्वाधिक विशाल टर्मिनल टी–3 का निर्माण भी उनके द्वारा किया गया है।

जी.एम. राव को वर्ष 2007 का इकोनॉमिक टाइम्स उद्यमी पुरस्कार प्रदान किया गया। जी.एम. राव बड़े दानी और परोपकारी के रूप में भी जाने जाते हैं। उन्होंने धर्मार्थ उद्देश्यों के लिए वर्ष 2012 में 1540 करोड़ रुपए और वर्ष 2013 में 740 करोड़ रुपए दान किए। जी.एम.आर. वारालक्ष्मी फाउंडेशन (जी.एम.आर. वी.एफ.), जी.एम.आर. समूह की कॉर्पोरेट सोशल रिस्पॉन्सिबिलिटी शाखा है। इसका उद्देश्य सामाजिक आधारभूत संरचना विकसित करना और समूह की उपस्थिति वाले स्थानों के आस–पास समुदायों के जीवन की गुणवत्ता में वृद्धि करना है। इस गैर–लाभकारी कंपनी के पास अपने स्वयं के पेशेवर कर्मचारी शीर्ष शैक्षणिक और सामाजिक कार्य संस्थानों से चुने गए हैं और जी.एम.आर. समूह के समूह अध्यक्ष द्वारा शासित हैं। □

धर्मपाल गुलाटी

एम.डी.एच. कंपनी के स्वामी

जन्म : सियालकोट (अब पाकिस्तान) 27 मार्च, 1923

साठ से भी अधिक तरह के मसाले तैयार करने और उनका दुनिया के कई देशों में निर्यात करनेवाली एम.डी.एच. कंपनी के मालिक महाशय धर्मपाल गुलाटी को मसालों की दुनिया का बेताज बादशाह कहा जाता है। भारत में रहकर शायद ही आपने इनके बनाए मसालों का स्वाद न चखा हो। जाने-अनजाने ही सही आपने जरूर धर्मपालजी के मसाले अपने खाने में इस्तेमाल किए होंगे। लेकिन यहाँ तक पहुँचने में धर्मपालजी को सालों नहीं, बल्कि पूरी जिंदगी लग गई।

महाशय धर्मपाल गुलाटी का जन्म 27 मार्च, 1923 को सियालकोट (अब पाकिस्तान) में हुआ। उनका परिवार बेहद साधारण था। धर्मपालजी का पढ़ाई-लिखाई में बिल्कुल भी मन नहीं लगता था। जैसे-तैसे उन्होंने चौथी कक्षा पास की और पाँचवीं में वह फेल हो गए और स्कूल छोड़ दिया। इसके बाद वे बढ़ईगीरी सीखने लगे। लेकिन वहाँ भी मन नहीं लगा। 15 वर्ष की अपनी जिंदगी में वे 50

काम कर चुके थे।

उन दिनों सियालकोट लाल मिर्च के बाजार के लिए जाना जाता था तो उनके पिता ने उन्हें मसाले की एक दुकान खुलवा दी। धीरे-धीरे काम अच्छा हो गया और खूब चलने लगा, लेकिन तब तक भारत अपनी आजादी की लड़ाई के करीब पहुँच गया था और भारत-पाकिस्तान का विभाजन उनके लिए एक बड़ी समस्या बन गया। आजादी के बाद सियालकोट पाकिस्तान के हिस्से चला गया और धर्मपालजी के परिवार का वहाँ रह पाना मुश्किल हो गया। लिहाजा अपना सबकुछ छोड़कर वे दिल्ली के करोलबाग में अपने एक रिश्तेदार के यहाँ रहने लगे।

घर बार और रोजगार छोड़कर वह दिल्ली आए तो उनकी जेब में 1500 रुपए थे। दिल्ली में कोई रोजगार न होने के कारण उन्होंने जैसे-तैसे एक ताँगा खरीदा और चलाने लगे। इसमें भी उनका मन नहीं लगा और दो महीने ताँगा चलाने के बाद छोड़ दिया।

धर्मपालजी एक बार फिर बेरोजगार हो गए। इसी बीच उनके मन में मसाले बनाने का खयाल आया, जिसमें उनका मन लगता था। उन्होंने अपना काम करने की सोची। वे बाहर से सूखे मसाले खरीदते, उन्हें घर पर पीसते और बाजार में बेचते। धीरे-धीरे काम बढ़ने लगा तो उन्होंने बाजार से मसाले पिसवाना शुरू किया, लेकिन मसाला पीसने वाला मिलावट करने लगा। अब उन्होंने खुद मसाला पीसने की फैक्टरी लगाने की सोची और दिल्ली के कीर्तिनगर में अपनी पहली मसाला फैक्टरी शुरू की। उसके बाद उन्होंने पीछे मुड़कर नहीं देखा। और एम.डी.एच. एक ब्रांड बन गया और धर्मपालजी आज उसकी पहचान हैं।

महाशयजी बड़े समाजसेवक भी हैं। उन्होंने कई विद्यालय और अस्पताल बनवाए हैं, जो कि लोगों को अपनी सेवा का भरपूर लाभ दे रहे हैं।

धर्मपालजी इस वक्त 21 करोड़ सालाना के पैकेज पर काम कर रहे हैं। कंज्यूमर प्रोडेक्ट जैसी कंपनियों में गुलाटी की सैलेरी सबसे ज्यादा है। धर्मपाल गुलाटी 95 साल के हो चुके हैं। गुलाटी आज भी रोज दफ्तर और फैक्टरी जाते हैं और खुद डीलरों से मुलाकात करते हैं। धर्मपाल की कंपनी महाशियाँ दी हट्टी—एम.डी.एच.—को हर वर्ष औसतन 200 करोड़ से ज्यादा का मुनाफा

होता है। कंपनी की 80 फीसदी हिस्सेदारी गुलाटी के पास है।

आज महाशियाँ दी हट्टी कंपनी का 1500 करोड़ रुपए का साम्राज्य है, जिसमें 15 फैक्टरियाँ, 1000 डीलर्स के अलावा 20 स्कूल और एक अस्पताल भी शामिल है। एम.डी.एच. के ऑफिस लंदन और दुबई में भी हैं और कंपनी 100 से ज्यादा देशों में अपने प्रोडक्ट सप्लाई करती है।

□

नरेश गोयल

जेट एयरवेज के संस्थापक अध्यक्ष

जन्म : संगरूर, पंजाब; 29 जुलाई, 1949
पुरस्कार : अनेक पुरस्कार व सम्मान

नरेश गोयल भारतीय उद्योगपति और भारत की जेट एयरवेज के संस्थापक अध्यक्ष हैं। सन् 1993 में उन्होंने जेट एयरवेज की स्थापना की।

नरेश गोयल का जन्म 29 जुलाई, 1949 को पंजाब के संगरूर में नाभा गेट स्थित एक आभूषण व्यापारी के घर हुआ। उन्होंने गवर्नमेंट राज हाई स्कूल फॉर बॉयज से कक्षा छह तक की शिक्षा प्राप्त की और 18 साल की उम्र में शिक्षण की डिग्री प्राप्त की।

बतौर कैशियर उन्होंने अपने मामा की ट्रैवल एजेंसी से अपने कॅरियर की शुरुआत की। वर्ष 1967 में वाणिज्य में स्नातक की पढ़ाई पूरी करने के बाद वे लेबनान इंटरनेशनल एयरलाइंस के लिए जनरल सेल्स एजेंट के तौर पर कार्य करने लगे। 1967 से 1974 तक उन्होंने कई विदेशी एयरलाइनों के साथ जुड़कर

एयरलाइन कारोबार की पेचीदगियों को सीखा।

मई 1974 में नरेश गोयल ने 'जेट एयर (प्रा.) लिमिटेड' की स्थापना की, जिसका उद्देश्य भारत में विदेशी एयरलाइनों के बिक्री और विपणन संबंधित ऑपरेशंस देखना था। नरेश गोयल ने यातायात पैटर्न, मार्ग संरचनाओं और परिचालन अर्थशास्त्र और उड़ान का समय निर्धारण जैसे महत्त्वपूर्ण पहलुओं पर कार्य किया। उनके अनुभव और एयरलाइन कारोबार की बारीकियों की जानकारी ने उन्हें भारतीय उड्डयन इंडस्ट्री का एक महत्त्वपूर्ण व्यक्ति बना दिया।

सन् 1991 में जब भारत सरकार ने नई आर्थिक नीति के तहत भारतीय अर्थव्यवस्था को खोलने का कार्य शुरू किया, तब नरेश गोयल ने भारत सरकार के खुले आकाश नीति का फायदा उठाया और भारत में घरेलू सेक्टरों पर अनुसूचित हवाई सेवाओं के संचालन के लिए जेट एयरवेज की स्थापना की। जेट एयरवेज ने 5 मई, 1993 को वाणिज्यिक परिचालन शुरू कर दिया।

12 अप्रैल, 2007 को जेट ने 14.5 अरब डॉलर में एयर सहारा को खरीद लिया। एयर सहारा को 'जेटलाइट' नाम दिया गया और इसे लो कॉस्ट कॅरियर और एक पूर्ण सेवा एयरलाइन के रूप में रखा गया। जेट एयरवेज की सफलता के साथ-साथ नरेश गोयल का नाम भी भारतीय व्यापार जगत् के बड़े उद्यमियों में गिना जाने लगा और उन्हें कई पुरस्कारों से भी सम्मानित किया गया।

अर्न्स्ट एंड यंग ने उन्हें साल 2000 में 'इंटरप्रेन्योर ऑफ द ईयर अवार्ड फॉर सर्विसेज' पुरस्कार से सम्मानित किया। इंडियन-अमेरिकन सेंटर फॉर पॉलिटिकल अवेयरनेस द्वारा उन्हें वैश्विक समुदाय के नेतृत्व और योगदान के लिए 'आउटस्टैंडिंग एशियाई-भारतीय' पुरस्कार दिया गया। वाणिज्यिक एयर ट्रांसपोर्ट के क्षेत्र में उत्कृष्ट योगदान के लिए दो बार 'एयरोस्पेस सम्मान' (2000, 2004) दिया गया। नरेश गोयल को निजी क्षेत्र में प्रशिक्षण एवं विकास में उत्कृष्टता के लिए पहला बी.एम. मुंजाल पुरस्कार प्रदान किया गया।

□

ब्रिगेडियर डॉ. अरविंद लाल

डॉ. लाल पैथलैब्स के अध्यक्ष और प्रबंध निदेशक

जन्म : पुणे, महाराष्ट्र; 22 अगस्त, 1949

पुरस्कार : अनेक पुरस्कार व सम्मान

ब्रिगेडियर डॉ. अरविंद लाल एक भारतीय रोगविज्ञानी, चिकित्सा प्रशासक और 'डॉ. लाल पैथलैब्स' के अध्यक्ष और प्रबंध निदेशक हैं। डॉ. अरविंद लाल एक मेडिकल ग्रैजुएट और एक मेडिकल अकादमिक हैं, जिन्होंने भारत में प्रयोगशाला परीक्षण के क्षेत्र में पहली सार्वजनिक निजी भागीदारी (पी.पी.पी.) शुरू की। भारतीय सेना द्वारा उन्हें मानद ब्रिगेडियर के पद से सम्मानित किया गया है। मेडिसिन में उनके अप्रतिम योगदान के लिए वर्ष 2009 में भारत सरकार ने उन्हें पद्मश्री से सम्मानित किया।

22 अगस्त, 1949 को पुणे, महाराष्ट्र में जनमे अरविंद लाल ने सशस्त्र बल मेडिकल कॉलेज, पुणे से मेडिसिन में स्नातक की उपाधि प्राप्त की, फिर उसी संस्थान से स्नातकोत्तर डिग्री हासिल की और पैथोलॉजी विभाग में एक व्याख्याता

के रूप में अपना कॅरियर शुरू किया।

1977 में उन्होंने अपने पारिवारिक व्यवसाय डॉ. लाल पैथलैब्स का कार्य भार सँभाल लिया, जिसकी स्थापना उनके पिता एस.के. लाल द्वारा वर्ष 1949 में की गई थी। अपने नेतृत्व के तहत, डॉ. अरविंद लाल ने संस्थान में सूचना और संचार प्रौद्योगिकी (आई.सी.टी.) प्रणाली को शामिल करके अपनी नैदानिक सेवाओं का आधुनिकीकरण किया और वर्तमान में देश भर में इसकी 150 से अधिक पैथलैब्स कार्यरत हैं, जो वर्ष में लगभग 50 लाख लोगों की सेवा करती हैं। अपनी उच्च गुणवत्ता के चलते 'डॉ. लाल पैथ लैब' आज एक विश्वसनीय ब्रांड नाम बन गया है।

□

डॉ. महेश गुप्ता

केंट आर.ओ. सिस्टम्स लिमिटेड के अध्यक्ष एवं प्रबंध निदेशक

जन्म : 27 सितंबर, 1954

पहली पीढ़ी के उद्यमी डॉ. महेश गुप्ता, भारत में जल शोधन उद्योग में क्रांतिकारी बदलाव के लिए दुनिया भर में जाने जाते हैं। वे भारत की अग्रणी जल शोधक कंपनी 'केंट आर.ओ. सिस्टम्स लिमिटेड' के संस्थापक अध्यक्ष हैं।

मैकेनिकल इंजीनियरिंग में कानपुर से आई.आई.टी. स्नातक और इंडियन इंस्टीट्यूट ऑफ पेट्रोलियम, देहरादून के पूर्व छात्र महेश गुप्ता ने वर्ष 1978 में प्रतिष्ठित आई.ओ.सी.एल. के साथ अपना कॅरियर आरंभ किया। वर्ष 1988 में उन्होंने आई.ओ.सी.एल. की नौकरी छोड़ दी और तेल परीक्षण व चोरी की जाँच के लिए 'केंट ऑयल मीटर्स ब्रांड' नाम से उपकरणों के निर्माण कारोबार में प्रवेश किया। बाद में उनका ये ब्रांड सफल व्यवसाय बन गया।

वर्ष 1998 में महेश गुप्ता ने हैल्थ केयर बाजार में प्रवेश किया और पहला घरेलू आर.ओ. जल शोधक लॉञ्च किया। उन्होंने कंपनी को शून्य से शुरू किया

और अग्रणी राष्ट्रीय और अंतरराष्ट्रीय ब्रांडों के साथ प्रतिस्पर्धा शुरू की। 'केंट आर.ओ. सिस्टम्स लिमिटेड' आज भारत में अग्रणी और सबसे गतिशील जल शोधक कंपनी है, जिसकी आर.ओ. जल शोधक सेगमेंट में लगभग 40 फीसदी की बाजार हिस्सेदारी है।

जल शोधन उद्योग में उनके अमूल्य योगदान के लिए उन्हें 'प्योर वाटरमैन ऑफ इंडिया' के रूप में जाना जाता है। ग्रामीण और शहरी क्षेत्रों में सुरक्षित और स्वस्थ पेयजल प्रदान करने में उनके योगदान के लिए महेश गुप्ता को श्री श्री यूनिवर्सिटी उड़ीसा द्वारा मानद डॉक्टरेट की डिग्री भी प्रदान की गई है।

तकनीकी खोज के लिए जुनून, महत्त्वाकांक्षी विकास योजना, अभिनव विपणन रणनीतियों और अत्याधुनिक प्रौद्योगिकी ने महेश गुप्ता को आज फास्ट ट्रैक बना दिया है और उनके क्रेडिट में आधा दर्जन पेटेंट प्रौद्योगिकियाँ हैं।

महेश गुप्ता एक आध्यात्मिक व्यक्ति, श्री श्री रवि शंकर के शिष्य और आर्ट ऑफ लिविंग परिवार के सक्रिय सदस्य हैं।

वे मानवता को कुछ महत्त्वपूर्ण देने के लिए सदैव उत्सुक रहे हैं। साफ पानी प्रदान करने और स्वच्छता की स्थितियों में सुधार के लिए शौचालय बनाने के लिए प्रतिबद्धता के साथ हाल ही में उन्होंने 8 पिछड़े गाँवों को गोद लिया।

गुप्ता कई एम.बी.ए. संस्थानों और उद्यमिता विकास कार्यक्रमों में अतिथि व्याख्यान के माध्यम से युवाओं का मार्गदर्शन करने और सही दिशा में उनकी ऊर्जा को चैनल करने के लिए समय निकालते हैं। वे पूर्व आई.आई.टी. छात्रों की एसोसिएशन के सलाहकार भी हैं। वे पी-एच.डी. चेंबर ऑफ कॉमर्स के अध्यक्ष भी रहे।

□

मोतीलाल ओसवाल

अध्यक्ष और प्रबंध निदेशक, मोतीलाल ओसवाल फाइनेंशियल सर्विसेज लिमिटेड

जन्म : बाड़मेर (राजस्थान); 15 मई, 1962

भारतीय व्यापारी मोतीलाल ओसवाल—'मोतीलाल ओसवाल फाइनेंशियल सर्विसेज लिमिटेड' (एम.ओ.एफ.एस.एल.) के अध्यक्ष और प्रबंध निदेशक हैं, जिन्होंने वर्ष 1987 में रामदेव अग्रवाल के साथ मिलकर इस कंपनी की स्थापना की।

चार्टर्ड एकाउंटेंट योग्यताधारी मोतीलाल ओसवाल सी.एस. की पढ़ाई समाप्त करने के पश्चात् अपने एक मित्र रामदेव अग्रवाल के साथ दलाली व्यवसाय में कूद पड़े। अनुसंधान पर आधारित परामर्श पर अमल करना ही मोतीलाल ओसवाल फाइनेंशियल सर्विसेज लिमिटेड की कसौटी रहा है, जिसमें वित्तीय सेवाओं के विस्तृत क्षेत्र सम्मिलित हैं, जैसे—ब्रोकिंग एंड डिस्ट्रीब्यूशन, वेल्थ मैनेजमेंट, इंस्टीट्यूशनल एक्विटीज, इनवेस्टमेंट बैंकिंग, प्राइवेट इक्विटी

एस्सेट मैनेजमेंट।

वर्ष 1987 में कंपनी की शुरुआत एक छोटी सी ब्रोकिंग यूनिट के रूप में हुई, जिसमें दो लोगों पर ही सारा कार्यभार था। कंपनी ने एक फ्रेंचाइजी मॉडल के माध्यम से देश में उद्यमिता को पोषित करने व बढ़ावा देने का काम किया। उनके उत्साह का ही परिणाम है कि आज कंपनी के संचालन में 3,000 व्यावसायिक सहयोगी 500 शहरों में 1,397 व्यावसायिक स्थलों में लगभग 6 लाख ग्राहक जुड़े हुए हैं। ओसवाल को भारत सरकार द्वारा वित्त वर्ष 1995 से वित्त वर्ष 1999 तक 5 वर्षों की अवधि के लिए देश में उच्चतम आयकर दाताओं में से एक के लिए 'राष्ट्रीय सम्मान पत्र' से सम्मानित किया गया।

पूँजी बाजार में उनके काम और योगदान के लिए ओसवाल को कई पुरस्कार प्राप्त हुए हैं।

जी बिजनेस द्वारा आयोजित भारत के सर्वश्रेष्ठ बाजार विश्लेषक पुरस्कार 2009 में ओसवाल को 'भारतीय पूँजी बाजार में विशेष योगदान' पुरस्कार दिया गया। फ्रैंचाइजिंग वर्ल्ड मैगजीन द्वारा फ्रैंचाइजिंग में उत्कृष्टता के लिए हॉल ऑफ फेम। रोटरी क्लब द्वारा अर्थशास्त्र का चैंपियन पुरस्कार। भारतीय चार्टर्ड एकाउंटेंट्स संस्थान ने ओसवाल को 'एक्सीलेंट बिजनेस अचीवर इन फाइनेंसियल सर्विसेस' पुरस्कार दिया। आर्थिक अध्ययन संस्थान, नई दिल्ली द्वारा देश के औद्योगिक विकास में उनके प्रदर्शन के लिए 'उद्योग रत्न पुरस्कार' प्रदान किया गया। उन्होंने 'द एसेंस ऑफ बिजनेस एंड मैनेजमेंट' और 'द एसेंस ऑफ लाइफ' पर कोटेशन की दो पुस्तकें लिखी हैं।

□

शरद बाबू : फूड किंग

फूड किंग के संस्थापक और सी.ई.ओ.

जन्म : चेन्नई; 10 नवंबर, 1979

शरद बाबू का जन्म चेन्नई के मनीपक्कम गाँव में 10 नवंबर, 1979 को हुआ। पति की मौत के बाद उनकी माँ ने इडली-डोसा बेचकर उन्हें स्कूल भेजा। शरद की माँ ने बहुत मेहनत करके अपने पाँच बच्चों को पढ़ाया। घर में वे अकेली कमाने वाली थीं। वे सुबह इडली बेचती थीं, दोपहर सरकारी स्कूलों में बच्चों को खाना देने का काम करती थीं। इतने विषम हालात में भी शरद ने कभी हार नहीं मानी।

पढ़ाई में मेधावी रहे शरद बाबू को 'बिरला इंस्टीट्यूट ऑफ टेक्नोलॉजी एंड साइंस' (बिट्स) पिलानी में मैकेनिकल इंजीनियरिंग में दाखिला मिला। इसके बाद उन्होंने आई.आई.एम. अहमदाबाद से एम.बी.ए. किया। आज वे अहमदाबाद स्थित 'फूड किंग केटरिंग सर्विसेज लिमिटेड' के सी.ई.ओ. हैं।

शरद बाबू एक मिसाल हैं, उन युवाओं के लिए, जो नौकरी और पैसे के

पीछे भागने की बजाय समाज में चेंज एजेंट बनना चाहते हैं। शरद चाहते तो किसी बहुराष्ट्रीय कंपनी में नौकरी कर लाखों रुपए कमा सकते थे, मगर उन्होंने अपनी कंपनी बनाकर दूसरी के लिए रोजगार सृजन करने की कोशिश की। आज वे देश के हर बिजनेस स्कूल में केस स्टडीज के रूप में अध्ययन किए जाते हैं। शरद बाबू ने बुलंद हौसले की बदौलत अपनी तकदीर की कहानी खुद लिखी और हजारों परिवारी के चेहरों पर मुसकराहट बिखेरी।

इंजीनियरिंग के बाद शरद ने तीन साल पोलारिस सॉफ्टवेयर कंपनी में काम किया। पोलारिस में काम करके उन्होंने अपने परिवार पर चढ़े सारे कर्जे उतार दिए और केट की तैयारी शुरू कर दी। जब पहली केट परीक्षा हुई तो पेपर लीक होने के कारण से उन्हें फिर से केट की परीक्षा देनी पड़ी, जिसमें उन्होंने अच्छा स्कोर किया और उन्हें आई.आई.एम., अहमदाबाद में एडमिशन मिल गया।

एम.बी.ए. के बाद एक बड़ी आई.टी. कंपनी ने उन्हें वार्षिक आठ लाख रुपए की सैलरी का ऑफर दिया, पर उन्होंने उस नौकरी को ठुकराकर जब अपनी कैटरिंग कंपनी शुरू करने का फैसला लिया तो यह चर्चा का विषय बन गया।

एम.बी.ए. के बाद शरद ने इडली बेचने का फैसला किया, जिस काम को उनकी माँ घर चलाने के लिए करती थीं। उन्होंने अपनी 'फूड किंग' नाम की कैटरिंग कंपनी पर अपना पूरा लक्ष्य केंद्रित किया और उसे ऊँचाई पर ले गए। आज पूरे भारत में 'फूड किंग' की 500 से ज्यादा शाखाएँ हैं, टर्नओवर करोड़ों में है और सबसे बड़ी बात आज फूड किंग के जरिए 50,000 से अधिक लोगों को रोजगार मिलता है। दलित परिवार से संबंध रखनेवाले शरद बाबू कहते हैं कि उनकी कोशिश समाज के सबसे निचले तबके को एक सम्मानजनक स्थान दिलाना है। इसके लिए नौकरी नहीं, उनके लिए रोजगार का सृजन करना होगा।

साल 2008 में उन्हें 'पेप्सी यूथ आयकॉन' (आदर्श युवक) पुरस्कार से सम्मानित किया गया।

□

संजीव बिखचंदानी

इन्फोएज के संस्थापक और कार्यकारी उपाध्यक्ष

जन्म : दिल्ली; वर्ष 1964

इंटरनेट पर नौकरी का बाजार लगाने वाले नौकरी डॉट कॉम के संस्थापक और एग्जीक्यूटिव वाइस प्रेसिडेंट संजीव बिखचंदानी को साल 2008 में 'अन्स्र्ट एंड यंग इंटरप्रेन्योर' संयुक्त अवार्ड मिला। उन्होंने सेंट कोलंबिया स्कूल, दिल्ली से साल 1981 में स्कूली शिक्षा समाप्त की। इसके बाद, 1984 में सेंट स्टीफेंस कॉलेज, दिल्ली से अर्थशास्त्र में कला स्नातक की उपाधि प्राप्त की। उन्होंने साल 1989 में आई.आई.एम., अहमदाबाद से एम.बी.ए. किया।

पढ़ाई के बाद संजीव बिखचंदानी ने हॉर्लिक्स की मार्केटिंग की अच्छी-खासी नौकरी छोड़कर अपनी दो कंपनियाँ शुरू कीं, इंडमार्क और इन्फोएज; क्योंकि वे अपना काम शुरू करना चाहते थे।

कुछ नया और क्रांतिकारी करने के विचार संजीव के दिमाग में घुमड़ते रहते थे। समाचार-पत्रों एवं पत्रिकाओं में संजीव देखते थे कि कुछ पेज नौकरी से

संबंधित होते थे। बस क्यों न नौकरियों से संबंधित अपनी एक वेबसाइट शुरू की जाए। जहाँ लोगों को नौकरी के संबंध में पल भर में अनेक महत्त्वपूर्ण जानकारियाँ मिल सकें। और उन्होंने नौकरी डॉट कॉम की स्थापना कर डाली।

पहली पीढ़ी के उद्यमी संजीव बिखचंदानी ने इन्फोएज कंपनी की शुरुआत 1990 में एक गैराज से की। उस वक्त उनकी कंपनी जॉब सर्वे और ऑनलाइन डेटाबेस बनाने में लगी थी। ये उस वक्त उनके लिए एक बड़ी उपलब्धि थी। बाद में नौकरी डॉट कॉम एक बड़ी जॉब पोर्टल के रूप में उभरी और आज उसके ट्रैफिक का एक बड़ा हिस्सा मोबाइल से आता है।

संजीव के अथक प्रयासों के फलस्वरूप धीरे-धीरे बाजार में उनकी कंपनी ने अपनी पैठ बना ली। शुरुआत में कंपनी का वार्षिक व्यवसाय सवा दो लाख रुपए था, लेकिन थोड़े ही समय में 18 लाख रुपए वार्षिक हो गया। उन्होंने बाजार के उतार-चढ़ाव भी झेले, लेकिन कभी हिम्मत नहीं हारी। फलत: उनकी कंपनी इन्फोएज के केवल छह महीनों के भीतर ही पूरे भारत में दस-बारह कार्यालय खुल गए और नोएडा में कंपनी का एक शानदार तथा विशाल कार्यालय भी खुल गया। आज इस कंपनी के पास 1,560 कर्मचारी हैं, जिनमें से 1,200 कर्मचारी बिक्री विभाग में हैं। बाद में उन्होंने एक वैवाहिक साइट, प्रोपर्टी साइटें, एक सोशल नेटवर्किंग साइट और शिक्षा पोर्टल शुरू किया।

कंपनी ने गत दिनों अपना नया एंड्रॉएड ऐप लॉन्च किया और रिपोर्टों के मुताबिक पहले ही महीने में करीब तीन लाख लोगों ने इसे डाउनलोड किया।

आज इन्फोएज कंपनी सफलता के उच्च शिखर पर काबिज है, वह संजीव बिखचंदानी की कठिन मेहनत का ही परिणाम है। उन्होंने अपनी असफलता से सीख ली, फिर आगे बढ़े और यही उनकी अपार सफलता का रहस्य है। □

सावित्री जिंदल

अध्यक्ष एमिरेट्स, जिंदल स्टील एंड पावर लिमिटेड

जन्म : तिनसुकिया (असम); 20 मार्च, 1950
नेट वर्थ : यू.एस. डॉलर 8.8 बिलियन (2018)

भारत की सबसे रईस महिलाओं में शुमार और 'ओ.पी. जिंदल ग्रुप' के फाउंडर की पत्नी सावित्री जिंदल 8.8 अरब डॉलर की संपत्ति के साथ दुनिया की सबसे रईस लोगों की सूची में 176वें नंबर पर हैं। ओ.पी. जिंदल ग्रुप स्टील और बिजली उत्पादन के क्षेत्र से जुड़ा है। इसकी स्थापना ओमप्रकाश जिंदल ने साल 1952 में की थी।

ग्रुप की नॉन एक्जीक्यूटिव चेयरमैन सावित्री ने अपने पति की साल 2005 में हेलीकॉप्टर दुर्घटना में मौत के बाद ग्रुप प्रमुख की जिम्मेदारी सँभाली थी। सावित्री हरियाणा के हिसार विधानसभा क्षेत्र से कांग्रेस विधायक और मंत्री भी रही हैं।

पति ओ.पी. जिंदल की मृत्यु के बाद उन्होंने न सिर्फ जिंदल समूह के

चेयरपर्सन का पद सँभाला, बल्कि राजनीतिक विरासत को आगे बढ़ाने के लिए घर के बाहर भी कदम रखा। तब ओ.पी. जिंदल शहर के विधायक और राज्य के बिजली मंत्री थे। वे पति की मृत्यु से खाली हुई हिसार विधानसभा सीट के 2006 में हुए उपचुनाव में उतरीं, जीतीं और मंत्री बनीं। उस चुनाव में सावित्री आमजन से पहली बार रू-ब-रू हुईं। तब भी लोग केवल उनके राजनीतिक चेहरे से वाकिफ हुए।

जिंदल ग्रुप की कमान उनके हाथों में है, मगर हर कोई वाकिफ नहीं था। वे एक उद्योगपति के रूप में तब उभरकर सामने आईं, जब फोर्ब्स ने 2008 में उन्हें भारत की सबसे अमीर महिला का खिताब दिया। 2009 और 2010 में भी देश की सबसे अमीर महिला का ताज बरकरार रहा। बिजनेस उनके चारों बेटे देखते हैं। 'जिंदल शॉ लिमिटेड' को पृथ्वी जिंदल, 'जे.एस.डब्ल्यू. ग्रुप ऑफ कंपनी' को सज्जन जिंदल, 'जिंदल स्टेनलेस लिमिटेड' को रतन जिंदल और 'जिंदल स्टील एंड पावर लिमिटेड' को पूर्व सांसद नवीन जिंदल देखते हैं।

चेयरपर्सन के तौर पर सावित्री की सक्रिय भागीदारी है। वे देश-विदेश में कंपनी की मीटिंग में जाती हैं और बिजनेस की बारीक जानकारी रखती हैं।

यह स्मरणीय है कि जिंदल समूह के संस्थापक ओमप्रकाश जिंदल की पत्नी सावित्री जिंदल ने 36 साल तक घरेलू महिला तरह की जिंदगी बिताई और फिर पति के हेलीकॉप्टर हादसे में हुए निधन के बाद राजनीति और उद्योग जगत् में एक साथ कदम रखा और नए मुकाम हासिल किए।

20 मार्च, 1950 को असम के तिनसुखिया में जनमी सावित्री का विवाह 1970 में ओमप्रकाश जिंदल के साथ हुआ। तब जिंदल की पहली पत्नी विद्या देवी की मृत्यु हो गई थी। विद्या की छह संतानें हैं, जिनमें तीन बेटे—पृथ्वीराज, सज्जन और रतन तथा तीन बेटियाँ—सरोज, निर्मला और उर्मिल हैं। सावित्री की तीन संतानों में एक पुत्र नवीन और दो बेटियाँ—सारिका व सीमा हैं। सावित्री के बेटे नवीन जिंदल हैं।

□

शापूरजी पालोनजी मिस्त्री

शापूरजी पालोनजी समूह के पूर्व अध्यक्ष

जन्म : सन् 1929 (आइरिश राष्ट्रीयता)
पुरस्कार : कई पुरस्कार व सम्मान
नेट वर्थ : यू.एस. डॉलर 17.8 बिलियन (2018)

पालोनजी मिस्त्री एक गुजराती पारसी हैं, जिनके पूर्वज माना जाता है कि वेसा, गुजरात (सूरत के पास) से मुंबई आकर बस गए थे। पालोनजी मिस्त्री दुनिया के सबसे गुमनाम अरबपति, पारसी समुदाय के सबसे अमीर और आयरलैंड के सबसे दौलतमंद शख्स माने जाते हैं। उन्हें शायद ही कभी किसी सार्वजनिक जगह पर देखा या सुना जाता है। भारत के सबसे सफल और ताकतवर कारोबारियों में से एक 88 वर्षीय पालोनजी के नियंत्रण में एक ऐसा कंस्ट्रक्शन साम्राज्य है, जो भारत, पश्चिम एशिया और अफ्रीका तक फैला हुआ है। अपने बेटों के साथ मिलकर उनकी टाटा संस में भी लगभग 20 फीसदी हिस्सेदारी है।

पालोनजी हर चीज को विस्तार से जानना चाहते हैं और वे मूलतः परफेक्शनिस्ट हैं। पालोनजी का एक सामान्य सा दर्शन है, हमें यह सुनिश्चित करना चाहिए कि काम सर्वोत्तम हो, क्योंकि हम दोनों का नाम इससे जुड़ा है।

मिस्त्री की आरंभिक शिक्षा कैथेड्रल और जॉन कॉनन स्कूल में हुई और उच्च शिक्षा इंपीरियल कॉलेज लंदन में।

मिस्त्री शापूरजी पालोनजी समूह के पूर्व अध्यक्ष हैं, जिसमें शापूरजी पालोनजी कंस्ट्रक्शन लिमिटेड, फोर्ब्स टैक्सटाइल्स और यूरेका फोर्ब्स लिमिटेड शामिल हैं। वे एसोसिएटेड सीमेंट कंपनीज के अध्यक्ष भी रहे। शापूरजी पालोनजी समूह की स्थापना उनके पिता ने की और मुंबई में फोर्ट इलाके के आस-पास—हांगकांग और शंघाई बैंक, ग्रिंडलेज बैंक, स्टैंडर्ड चार्टर्ड बैंक, स्टेट बैंक ऑफ इंडिया और भारतीय रिजर्व बैंक जैसे महत्त्वपूर्ण भवनों का निर्माण कराया। कंस्ट्रक्शन के दिग्गज पालोनजी ने वर्ष 2003 में एक आयरिश महिला से शादी की और भारतीय नागरिकता छोड़कर आयरलैंड के नागरिक हो गए, लेकिन वे ज्यादातर समय भारत में ही मुंबई में सागर किनारे वाले बँगले में रहते हैं।

पालोनजी को टाटा समूह के मुंबई स्थित मुख्यालय बॉम्बे हाउस में फैंटम के नाम से जाना जाता है। टाटा समूह के चेयरमैन रतन टाटा के रिटायर होने के बाद पालोनजी के छोटे बेटे साइरस मिस्त्री वर्ष 2012 से 2016 तक टाटा समूह के चेयरमैन रहे।

पालोनजी की ज्यादातर संपदा टाटा समूह में उनकी शेयर होल्डिंग से आती है। पालोनजी के पिता टाटा मोटर्स और टाटा स्टील के लिए प्लांट का कंस्ट्रक्शन करते थे। टाटा समूह के पास उन्हें देने के लिए पैसे नहीं थे तो उन्होंने इसकी जगह उनको शेयर दे दिए। पालोनजी धीरे-धीरे अपने परिवार की शेयर होल्डिंग बढ़ाते गए। उन्होंने टाटा परिवार के उन सदस्यों के शेयर भी खरीदे, जो कारोबार से बाहर निकलना चाहते थे।

वर्तमान में शापूरजी पालोनजी समूह की कमान उनके बेटे शापूर के हाथों में है। इस समूह का कारोबार कपड़े से लेकर रियल एस्टेट, हॉस्पिटेलिटी और बिजनेस ऑटोमेशन तक फैला हुआ है। शापूरजी पालोनजी समूह (एस.

पी.जी. समूह) में शापूरजी पालोनजी इंजीनियरिंग एंड कंस्ट्रक्शन, एफकॉन्स इन्फ्रास्ट्रक्चर, फोर्ब्स टैक्सटाइल्स, गोकक टैक्सटाइल्स, यूरेका फोर्ब्स, फोर्ब्स एंड कंपनी, एस.पी. कंस्ट्रक्शन मटीरियल ग्रुप, एस.पी. रियल एस्टेट और नेक्स्ट जेन जैसी कई कंपनियाँ शामिल हैं। उम्र ज्यादा होने और सेहत की वजह से बुजुर्ग पालोनजी ने कुछ कंपनियों के बोर्ड से इस्तीफा दे दिया है और समूह में नई व्यवस्था बन रही है।

एस.पी.जी. ने भारत की कई नामचीन इमारतें बनाई हैं, जिनमें शामिल हैं—ताजमहल पैलेस एंड टॉवर्स और द ओबेरॉय होटल (दोनों पर 2008 में आतंकवादी हमला हुआ था), मुंबई-पुणे एक्सप्रेस वे, मुंबई का ब्रेबोर्न स्टेडियम और वर्ल्ड ट्रेड सेंटर, पश्चिम एशिया में ओमान के सुल्तान का महल और अफ्रीका में घाना में राष्ट्रपति का महल।

उन्हें जनवरी 2016 में व्यापार और उद्योग के क्षेत्र में उनके योगदान के लिए भारत सरकार द्वारा पद्म भूषण से सम्मानित किया गया।

□

दिलीप सांघवी

सन फार्मास्युटिकल्स के संस्थापक और प्रबंध निदेशक

जन्म : अमरेली, गुजरात; 1 अक्तूबर, 1955
पुरस्कार : कई पुरस्कार व सम्मान
नेट वर्थ : यू.एस. डॉलर 12.8 बिलियन (2018)

दिलीप सांघवी भारतीय अरबपति व्यवसायी और देश के सबसे अमीर लोगों में से एक हैं। उन्होंने अपने एक साथी प्रदीप घोष के साथ मिलकर 'सन फार्मास्यूटिकल्स' की स्थापना की। सांघवी एक ऐसी शख्सियत हैं, जो मेहनत करके ऊपर उठे। 1982 में अपनी कंपनी पिता से 10,000 रुपए उधार लेकर शुरू की थी, जो आज कई लाख करोड़ की है।

दिलीप सांघवी का सक्सेस मंत्र है—"जो लोग गलतियों से सीखते हैं, वे जरूर सफल होते हैं।"

दिलीप सांघवी का जन्म 1 अक्तूबर, 1955 को अमरेली, गुजरात में एक गुजराती परिवार में हुआ। बाद में उनका परिवार कोलकाता आकर बस

गया। उनका बचपन कलकत्ता में बीता। स्थानीय जे.जे. अजमेरा हाई स्कूल और भवनपुर एजुकेशन सोसाइटी कॉलेज से उन्होंने क्रमशः स्कूली शिक्षा और स्नातक की उपाधि प्राप्त की तथा कलकत्ता विश्वविद्यालय से वाणिज्य स्नातक की उपाधि प्राप्त की।

अपने कॅरियर की शुरुआत उन्होंने कोलकाता में थोक जेनेरिक दवा के कारोबार से की। इसी काम के दौरान उन्हें विचार आया कि क्यों न दूसरों के उत्पादों को बेचने की बजाय, अपनी खुद की दवाओं का निर्माण किया जाए। इसी विचार को मूर्त रूप देने के लिए पिता से 10,000 रुपए उधार लेकर, इसी पूँजी के साथ सांघवी ने वर्ष 1982 में वापी, गुजरात में 'सन फार्मास्यूटिकल इंडस्ट्रीज' की नींव रखी। इसमें साथ दिया उनके एक साथी प्रदीप घोष ने।

सन फार्मा कंपनी की शुरुआत सिर्फ एक प्रॉडक्ट के साथ हुई थी और आज ये कंपनी भारत की सबसे बड़ी दवा कंपनियों में शुमार की जाती है। सांघवी के पास सन ग्रुप की तीन कंपनियों में 63 प्रतिशत शेयर की हिस्सेदारी है। सांघवी की जिन तीन कंपनियों में होल्डिंग है, वे हैं—सन फार्मा, सन फार्मा एडवांस्ड रिसर्च और रैनबेक्सी लैब्स।

निश्चित रूप से इस सफलता के पीछे सबसे बड़ा हाथ कंपनी के चेयरमैन दिलीप सांघवी का है। लेकिन सांघवी का यह सफर आसान नहीं था। अपने समकालीनों के उलट सांघवी हमेशा अपने लक्ष्य पर केंद्रित रहे हैं। जब विदेश में उपक्रम लगाने की बारी आई तो उन्होंने केवल अमेरिकी बाजार पर ध्यान दिया, जो दुनिया का बड़ा दवा बाजार है। निवेशकों ने इसे सराहा।

दिलीप सांघवी को घाटे में चल रही कंपनियों को खरीदकर उनकी काया पलटने के लिए जाना जाता है। दिलीप सांघवी हमेशा कंपनी को सस्ते में खरीदने में विश्वास रखते हैं। कंपनी ने पहला सौदा 1987 में किया। लंबी सौदेबाजी के बाद अमेरिका की कैरको फार्मा दिलीप सांघवी की पहली बड़ी खरीद थी। ये सौदा 5 करोड़ डॉलर में हुआ। इसके बाद दिलीप सांघवी ने अमेरिका में ही दो और कंपनियों वैलिएंट और एबल फार्मा को खरीदा। घाटे में चल रही, इन फार्मा कंपनियों की आज सन फार्मा की आमदनी में बड़ी हिस्सेदारी है।

ये दिलीप सांघवी की लीडरशिप का ही कमाल है कि 35 साल पहले शुरू हुई सन फार्मा आज देश की सबसे बड़ी फार्मा कंपनी बन गई है। ये दिलीप सांघवी की दूरदृष्टि का ही नतीजा है कि उनकी हर खरीद स्ट्रैटेजिक तौर पर सही साबित हुई। हर खरीद के साथ कंपनी के लिए नए बाजार खुलते चले गए। इनमें भी इजरायल की टैरो फार्मा का अधिग्रहण कंपनी के लिए गेम चेंजर साबित हुआ। 45 करोड़ डॉलर में हुए सौदे के बाद आज टैरो की सन फार्मा की आमदनी में 50 फीसदी की हिस्सेदारी है।

दिलीप सांघवी की लीडरशिप पर बाज़ार को भी पूरा भरोसा है। 1994 में जब सन फार्मा का आई.पी.ओ. आया तो इसमें 55 गुना बोली लगी थी। दिलीप सांघवी ने कभी निवेशकों के भरोसे को तोड़ा भी नहीं।

भारत सरकार ने उन्हें वर्ष 2016 में पद्मश्री से सम्मानित किया। इंडिया टुडे पत्रिका ने उन्हें 2017 सूची के भारत के 50 सबसे शक्तिशाली लोगों में 8वाँ स्थान दिया।

□

आर.पी. गोयनका

आर.पी.जी. समूह के संस्थापक और अध्यक्ष

जन्म : कोलकाता, पश्चिम बंगाल; 1 मार्च, 1930
निधन : कोलकाता, पश्चिम बंगाल; 14 अप्रैल, 2013
पुरस्कार : कई पुरस्कार व सम्मान

देश के 'अधिग्रहण विशेषज्ञ' के रूप में अपनी खास पहचान बनाने वाले और कोलकाता के एक सबसे पुराने व्यावसायिक परिवार से ताल्लुकात रखनेवाले गोयनका टायर से लेकर संगीत तक के विभिन्न व्यवसायों में अपनी अमिट छाप छोड़ने में कामयाब रहे। आर.पी. गोयनका ने वर्ष 1979 में आर.पी. जी. एंटरप्राइजेज की नींव रखी। इस समूह में फिलिप्स, कार्बन ब्लैक, एशियन केबल्स, अग्रपारा जूट मिल और मर्फी इंडिया शामिल हैं। इस ग्रुप की अन्य प्रमुख कंपनियाँ हैं—बिजली उपक्रम सी.ई.एस.सी., म्यूजिक प्रोडक्शन कंपनी सारेगामा और सिएट टायर्स।

रामप्रसाद गोयनका बहु-क्षेत्रीय भारतीय औद्योगिक समूह आर.पी.जी.

समूह के संस्थापक और अध्यक्ष थे। गोयनका परिवार मूलत: राजस्थान का एक मारवाड़ी परिवार है। उनका जन्म कोलकाता, पश्चिम बंगाल में 1 मार्च, 1930 को केशव प्रसाद गोयनका के सबसे बड़े बेटे के रूप में हुआ। उनके दो छोटे भाई जगदीश प्रसाद और गौरी प्रसाद थे। केशव प्रसाद गोयनका के निधन के बाद उनका कारोबार तीन भाइयों के बीच विभाजित हुआ। रामप्रसाद गोयनका (जिन्हें आर.पी. गोयनका के नाम से जाना जाता है) ने वर्ष 1979 में आर.पी. जी. एंटरप्राइजेज की स्थापना की।

आर.पी. गोयनका ने कोलकाता के प्रेजीडेंसी कॉलेज से ग्रेजुएशन किया। फिर वह हॉर्वर्ड यूनिवर्सिटी से मैनेजमेंट पढ़ने के बाद पारिवारिक कारोबार से जुड़ गए। उन्हें अधिग्रहण सम्राट् कहा जाता है। उन्होंने एक के बाद एक कई अधिग्रहण किए—1980 में डनलप इंडिया और सी.ई.एस.सी.; 1982 में सीएट टायर्स, 1985 में आर.पी.जी. लाइफ साइंसेज (अब सरेल इंडिया) और के.ई.सी. इंटरनेशनल; 1986 में ग्रामोफोन कंपनी ऑफ इंडिया (अब सारेगामा); 1988 में स्पेंसर और हैरिसन मलयालम; बेयर इंडिया, फर्स्टसोर्स सॉल्यूशंस लिमिटेड 2012 में तथा कई और। और इस तरह अपनी कंपनी को बुलंदियों पर पहुँचा दिया।

आर.पी. गोयनका राज्यसभा सदस्य और उद्योग मंडल फिक्की के अध्यक्ष रहे। इसके अलावा वे कन्फेडरेशन ऑफ एशिया पैसिफिक चैंबर्स ऑफ कामर्स एंड इंडस्ट्री के अध्यक्ष रहे। कई साल तक वह आई.आई.टी. खड़गपुर के बोर्ड ऑफ गवर्नर्स के चेयरमैन रहे। आई.आई.टी. खड़गपुर ने उन्हें साइंस में डॉक्टरेट की मानद उपाधि से सम्मानित किया। इसके अलावा गोयनका को जापान के सम्राट् से 'ऑर्डर ऑफ सैकरेड ट्रेजर गोल्ड एंड सिल्वर स्टार' का सम्मान भी मिला था। साथ ही उन्हें ऑल इंडिया मैनेजमेंट एसोसिएशन से लाइफटाइम कॉन्ट्रिब्यूशन अवॉर्ड भी मिला।

लंबी बीमारी के बाद 14 अप्रैल, 2013 को कोलकाता में उनका निधन हो गया।

□

प्रदीप बर्मन

मोबियस फाउंडेशन के संस्थापक, डाबर नेपाल प्राइवेट लिमिटेड के अध्यक्ष

जन्म : अमृतसर (पंजाब); सन् 1942

प्रदीप बर्मन मोबियस फाउंडेशन एवं डाबर नेपाल प्राइवेट लिमिटेड के अध्यक्ष और अवीवा लाइफ इंश्योरेंस कंपनी लिमिटेड के बोर्ड में प्रमोटर डायरेक्टर हैं। दशकों लंबे अपने कार्यकारी कॅरियर के बाद अब उन्होंने स्वयं को पर्यावरण संरक्षण को समर्पित करके समाज सेवा से जोड़ लिया है।

कोलकाता स्थित बर्मन परिवार में प्रदीप बर्मन का जन्म सन् 1942 में अमृतसर (पंजाब) में हुआ। वे डाबर के संस्थापक डॉ. एस.के. बर्मन के प्रपौत्र हैं। उनकी आरंभिक शिक्षा दार्जिलिंग के बोर्डिंग स्कूल में हुई। उच्च शिक्षा के लिए उन्हें बोस्टन, यू.एस.ए. में मैसाचुसेट्स इंस्टीट्यूट ऑफ टेक्नोलॉजी भेजा गया, जहाँ से उन्होंने मैकेनिकल इंजीनियरिंग के साथ बी.एस-सी. की। वर्ष 1968 में वे मैनेजमेंट ट्रेनी के रूप में पारिवारिक व्यवसाय में शामिल हो गए। 1975 में

प्रदीप बर्मन को निदेशक बनाया गया और अगले 7 वर्षों तक वे कोलकाता संयंत्र के प्रभारी रहे। उनकी अगुवाई में कंपनी ने नई ऊँचाइयों को छुआ। विदोगम एंड केमिकल्स लिमिटेड जैसी कई कंपनियों का डाबर में विलय कराया।

बर्मन वर्तमान में डाबर नेपाल प्राइवेट लिमिटेड (डाबर इंडिया लिमिटेड की एक सहायक) के अध्यक्ष और अवीवा लाइफ इंश्योरेंस कंपनी लिमिटेड के बोर्ड में प्रमोटर डायरेक्टर के रूप में भी कार्यरत हैं।

बर्मन सनाट प्रोडक्ट्स लिमिटेड के भी अध्यक्ष हैं। सनाट प्रोडक्ट्स लिमिटेड एक उभरती हुई दवा कंपनी है, जो भारत की राजधानी नई दिल्ली में स्थित है। वर्ष 1984 में स्थापित कंपनी फार्मास्युटिकल, न्यूट्रास्यूटिकल्स, कॉस्मिक्यूटिकल्स और हर्बल रसों के निर्माण और विपणन में लगी हुई है। बर्मन आयुर्वेद लिमिटेड के भी अध्यक्ष हैं। आयुर्वेद लिमिटेड 100 प्रतिशत प्राकृतिक और सुरक्षित हर्बल उत्पादों में विशेषज्ञता रखनेवाली भारत की अग्रणी पशु देखभाल कंपनियों में से एक है। कंपनी के पोर्टफोलियो में हर्बल हैल्थकेयर और पौष्टिक उत्पाद शामिल हैं, जो पशु प्रजातियों की एक विस्तृत श्रृंखला को पूरा करते हैं। प्रदीप बर्मन मोबियस फाउंडेशन के भी अध्यक्ष हैं। वर्ष 2015 में स्थापित मोबियस फाउंडेशन, एक गैर-लाभकारी संगठन है, जो पर्यावरण स्थिरता की दिशा में काम कर रहा है। प्रदीप बर्मन अवीवा लाइफ इंश्योरेंस कंपनी लिमिटेड के बोर्ड में प्रमोटर डायरेक्टर के रूप में कार्यरत हैं। यह भारत की एक अग्रणी बीमा कंपनी है।

सामाजिक मुद्दों में जुनून की हद तक दिलचस्पी रखते हुए, उन्होंने पी-एच.डी. ग्रामीण विकास फाउंडेशन (1996-1999) का भी नेतृत्व किया। वे गैर-सरकारी संगठन 'संदेश' के अध्यक्ष हैं, जो डाबर इंडिया लिमिटेड द्वारा समर्थित है और संयुक्त राज्य अमेरिका से संबद्ध क्लाइमेट रियलिटी प्रोजेक्ट, भारत के एक ट्रस्टी हैं।

प्रदीप बर्मन के मोबियस फाउंडेशन (एक गैर-लाभकारी संगठन) ने दो स्कूलों की स्थापना की है—एक कूर्ग, कर्नाटक में विश्व पर्यावरण स्कूल और दूसरा अतरौली, हापुड़ (यू.पी.) में। बर्मन का कहना है कि "बढ़ती प्रौद्योगिकी

और तेज विकास के बीच एक पर्यावरण प्रणाली बनाना जरूरी है, जिससे कि हमारे एकमात्र ग्रह की रक्षा की जा सके।

हमारी धरती दूषित हो रही है। डीजल और पेट्रोल का धुआँ, कोयले और लकड़ी का धुआँ और धुआँ उगलने वाले कारखानों की हवा में हम साँस लेते हैं। कारखाने के अपशिष्ट और सीवेज नदियों और झीलों में डाले जाते हैं, वही पानी हम पीते हैं। उर्वरक और कीटनाशकों के रूप में रसायन पृथ्वी में प्रवेश करते हैं और खाने वाली फसलों में अवशोषित होते हैं। वही हम खाते हैं। ऑक्सीजन प्रदान करनेवाले लाखों पेड़ों को काटकर फर्नीचर, खिलौने, दरवाजे और खिड़की के फ्रेम बनाए जाते हैं।

मैं जिम्मेदार हूँ, आप जिम्मेदार हैं, हर व्यक्ति जिम्मेदार है—उनके जीवन में बदलाव करने के लिए, ताकि आपकी भावी पीढ़ी को ऑक्सीजन मास्क पहनने की आवश्यकता न हो और कृत्रिम भोजन की बजाय, वह ताजा सब्जियाँ खा सकें।"

□□□